한자 알파벳! 부수한자 214자의 30가지 이야기

이야기로 배우는 부수한자

손인욱, 김원, 정영자 지음

이비락 樂

손인욱
한양대학교 중문과를 졸업하였고, 대만 국립정치작전학교(국방대학원)를 국비유학으로 마쳤습니다.
전 중국 연변과기대, 종로 이얼싼 중국어학원의 강사로 활동하였습니다.

김원
인하대학교 공대를 졸업하였고, 대림산업 전산실과 한국컴퓨터에서 근무하였습니다. PC통신 시절부터 데이콤 천리안에 '서당' 브랜드로 초,중등 코스웨어를 제공하는 등 컨텐츠와 저작툴 개발 및 한자 콘텐츠 개발에 힘쓰고 있습니다.

정영자
한양대학교 교육학과를 졸업하였으며, 중국 하얼빈공대 연수 후 중국어 번역과 교재 작업을 하였습니다. 현재 학교공부와 실생활에 도움되는 한자교재 연구에 힘쓰고 있습니다.

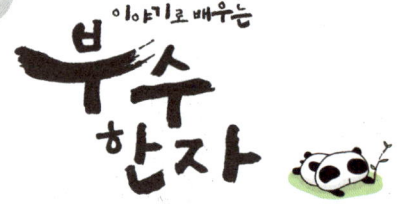

개정판 1쇄 발행 | 2023년 7월 21일

지은이 | 손인욱, 김원, 정영자

펴낸곳 | 도서출판 이비컴
펴낸이 | 강기원
편 집 | 미디어픽스(Media Pix)
마케팅 | 박선왜

주소 | 서울시 동대문구 천호대로81길 23, 201호
대표 전화 | (02)2254-0658 FAX (02)2254-0634
전자우편 | bookbee@naver.com

등록번호 | 제6-0596호(2002.4.9)
ISBN | 978-89-6245-214-3 (73710)

ⓒ 손인욱, 김원, 정영자 2023

· 책값은 뒤표지에 있습니다.
· 이 책은 도서출판 이비컴이 저자권자와의 계약에 따라 발행한 것이므로 본사의
  서면 허락 없는 복제를 금합니다.
· 파본이나 잘못 인쇄된 책은 구입하신 서점에서 교환해드립니다.

책 머리에…

한자공부에서 부수가 차지하는 비중은 아무리 강조해도 지나치지 않습니다. 하지만 기존의 부수 교재들은 대부분 성인을 대상으로 하거나, 서로 관련도 없는 글자들을 획순으로 단순 나열하고 있어, 자칫 어린 학생들에게 부수는 어렵고 무미건조하다는 인상을 주기 쉽습니다. 배워야 할 분량도 200자가 넘으니 쉽게 공부할 엄두가 나지 않습니다.

『이야기로 배우는 부수한자』는 부수를 재미있고 생생하게 익힐 수 있는 방법을 고민하던 중에 한자교실의 방학특강 교재로 처음 사용되었고, 수업에 활용해 보니 상당한 효과가 있어 책으로 내게 되었습니다.

이 책은 무언가를 새롭게 만들었다기 보다는, 이미 있는 내용을 하루에 공부할 만한 분량으로 나누어 재미있게 재구성한 것입니다. 30개의 이야기는 사실 우리가 살아가는 이야기요, 익히 알고 있는 친숙한 것들입니다. 그러므로 이 책을 활용하시는 선생님이나 학생들은 이 책의 이야기보다 더 재미있고 기발한 자신만의 이야기를 만들어 쓸 수도 있을 것입니다. 다만, 부수의 본 뜻과 유래를 살릴 수 있어야겠지요.

이 책에서 부수의 분류 체계나 풀이는 『원리한자』를 쓰신 박홍균 선생님의 저서를 참고하였고, 부수를 엮은 이야기는 〈생생한자교실〉 서동현 선생님의 〈부수 이야기〉에서 힌트를 얻었습니다. 그 외에도 많은 선배저자들의 간접적인 도움이 있었음을 밝히면서 도움을 주신 여러분들께 이 자리를 빌어 깊은 감사를 드립니다.

이 책에는 한자의 유래가 생생하게 드러날 수 있도록 최고의 그림을 지휘, 선정해 주신 김원 사장님의 노고가 빛납니다. 글자의 모양과 그림의 모양이 어찌 그리 닮았는지, 하나를 보면 다른 하나가 저절로 떠오르게됩니다. 게다가 온갖 프로그램의 동원과 밤샘 자료 입력까지 모든 과정을 이끌어오신 열정은 어느 청년도 쉽게 따라가지 못할 것입니다. 그리고, 부수 이야기를 엮는데 곁에서 많은 힌트를 주고, 때때로 아이 입장에서 따가운 조언을 곁들여준 우리의 보배 태승이도 이 책의 숨은 저자입니다.

끝으로, 서점마다 구석진 곳에나 겨우 꽂힌다는 부수 책의 출판을 흔쾌히 허락해 주신 출판사와, 편집과 교정해주신 모든 직원분들께 진심으로 감사를 드립니다.

아무쪼록 이 책이 한자를 부수부터 제대로 배우려는 모든 분들에게, 특히 부수의 중요성은 알겠으나 익히기에 너무 어렵고 벅차다고 여겼던 많은 아이들과 어른들에게 신선하고 상큼한 부수 학습법으로 쓰여진다면 더 바랄 것이 없겠습니다.

대표저자 손인욱 배상

이 책의 구성과 일러두기

부수를 익히는 것은 한마디로 한자 공부의 핵심이며 첫걸음이다. 또한 새로운 수십 개, 수백 개의 한자를 쉽게 깨우칠 수 있는 지름길이다. 그러나 한자의 부수는 214개로, 한글자모나 알파벳 개수의 10배에 가까운 분량이라, 처음 학습자에게는 상당히 큰 부담이 될 수 있다.

〈이야기로 배우는 부수한자〉는 부수한자를 '쉽고' '빠르고' '재미있게' 익혀서 '오랫동안 기억' 할 수 있도록 하기 위해 구성되었다.

1 이 책은 214개의 모든 부수를 30개의 짧은 이야기 속에서 공부할 수 있도록 구성하였다. 먼저 부수를 의미에 따라 인간-자연-생활이라는 세 분야로 크게 나누고, 각 분야를 이루고 있는 부수들 중에 대표적인 부수한자들을 선정했다. 그리고 이 대표부수와 관련된 6~8개의 부수들을 함께 모아 목걸이에 구슬을 꿰듯이 서로 꿰어서 하나의 흥미로운 이야기로 엮었다. 이러한 분류법과 '이야기'라는 연결고리를 사용하는 것은 학습자가 일종의 '생각지도(마인드맵)'를 형성하게 돕는 것으로, 학습의 흥미와 상상력을 자극하고 훨씬 더 조직화된 기억을 오랫동안 가질 수 있게 한다.

2 이야기의 소재는 첫째로, 우리가 이미 잘 알고 있는 사물과 현상에서 한자가 나왔다는 것을 상기시켜 학습자가 보다 쉽고 친근하게 한자에 접근할 수 있도록 꾸몄고, 둘째, 한자가 생겨났던 고대 중국 사람들이나 우리 조상들의 삶의 모습과 연결시켜서, 이야기를 읽으면서 부수글자의 유래 또는 쓰임새를 자연스럽게 익힐 수 있도록 고려하였다. 물론 몇 가지 예외인 것도 있다.

3 사물의 이미지를 가급적 글자와 유사한 형태의 그림으로 보여줌으로써 시각적으로 생생하게 전달되도록 하였고, 이야기 부수카드를 활용함으로써 입체적인 학습이 가능하도록 하였다. 특히 부수카드를 이야기 순서에 따라 늘어놓고, 또 배열된 카드 순서대로 이야기를 엮어가는 활동은 매우 중요한데, 부수의 뜻과 유래를 확실하게 기억할 수 있도록 도와주는 과정이다.

4 부수학습의 중점을 명칭 암기보다는 뜻을 익히는데 두었다. 부수의 명칭은 되도록 보편적으로 많이 쓰이는 것을 따르되, 부수의 의미가 전혀 다르거나 의미를 살리기 어려운 것은 의미를 살릴 수 있는 명칭을 우선적으로 취했다. (예를 들어 책받침(辶)은 '갈 착', 민책받침(廴)은 '걸을 인'을 부수 명칭으로 썼다.)

5 부수의 용례에 나오는 한자는 그 부수를 구성요소로 가지고 있는 한자의 예를 든 것으로, 자전을 찾을 때 사용하는 부수와는 차이가 있을 수 있다. 부수가 다를 경우 ( ) 안에 따로 자전 찾기용 부수를 표기하였다.

6 부수의 형태가 단독으로 쓰일 때와 다른 글자 속에서 쓰일 때 서로 다른 경우는 되도록 모두 제시하고, 쓰기 연습도 두 가지를 모두 할 수 있게 하였다. 쓰기연습을 할 때는 부수글자와 갑골문자, 유래그림의 유사점을 비교 연상함으로써 글자의 형태를 쉽게 기억할 수 있도록 나란히 제시하였다.

7 이 책에 나오는 대부분의 내용은 인터넷상에서 음성판서강의와 쓰기연습을 통해 더욱 입체적이고 흥미롭게 공부할 수 있게 되어있다. 종이책과 컴퓨터의 특장점을 각각 살려서 학습의 효율을 극대화하도록 하였다.

0단원
인간, 자연, 생활 각 분야의 대표한자들을 배우는 과정, 각 장에서 배울 한자들을 미리 훑어봄으로써 머릿속에 전체에 대한 '큰 그림'을 그리게 하는 단원

1. 제목 읽기, 이야기 카드 읽기
2. 이야기에 해당하는 대표부수카드 올려놓기
3. 책을 덮고 이야기 순서대로 카드 배열하기
4. 이야기 말하기
5. 대표부수 읽기
6. 이야기보따리 그림 보며, 각 장에서 배울 내용 훑어보기

1단원~마지막 단원
각 부수들을 구체적으로 학습하는 과정

1. 제목 읽기 제목에 나온 부수의 음을 반복해서 큰소리로 읽어본다.
2. 이야기 카드로 연상하기 이야기 카드를 읽으며 그림을 보면서 연상한다.
3. 이야기 구슬 꿰기
   - 해당 부수카드를 오려서 그림과 유사점을 찾는다.
   - 책을 덮고 이야기 순서대로 카드를 배열하고, 자신의 말로 이야기를 해본다.
   - 부수카드를 큰 소리로 읽어본다. 익숙해지면 카드 순서를 바꿔가며 읽는다.
4. 유래와 쓰임 익히기
   - 부수의 변형과정 그림과 설명으로 유래와 쓰임을 익힌다.
   - 필순을 보며 정성스럽게 써본다.
   - 부수가 사용된 한자의 예들을 보며, 각 부수의 쓰임을 익힌다.
5. 이야기로 되새김질 하기 복습 및 확인학습 과정
   - 단순한 암기가 아니라 부수의 유래와 쓰임을 함께 기억할 수 있도록 이야기를 완성하는 확인학습 문제로 구성하였다. 또한 부수는 항상 그 변형부수와 함께 익히게 하였다.

유래와 쓰임 익히기 구성

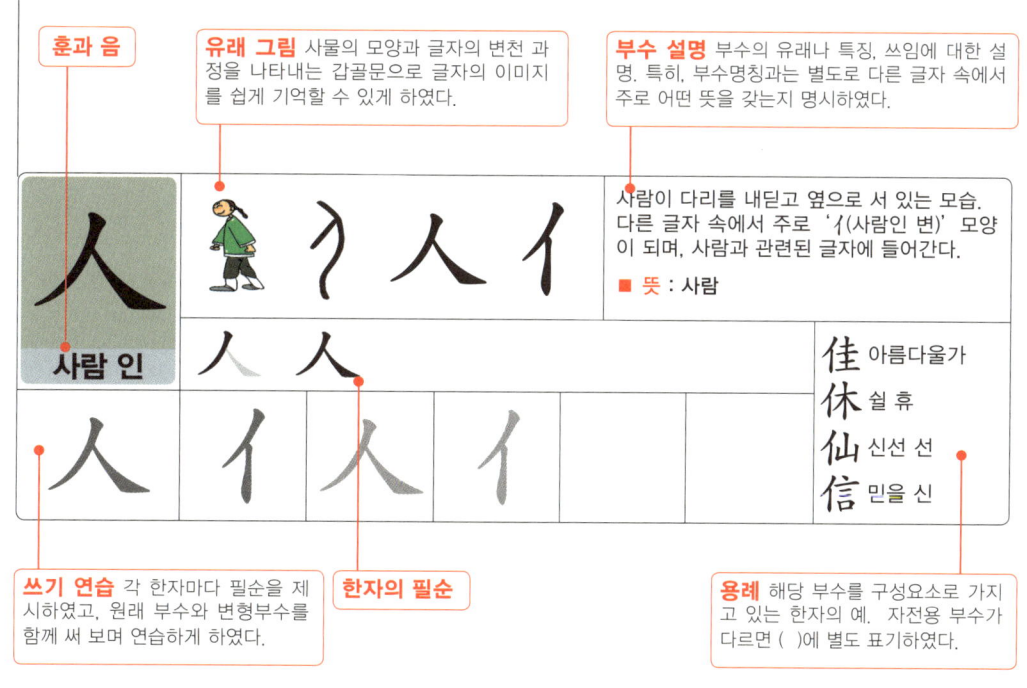

훈과 음

유래 그림 사물의 모양과 글자의 변천 과정을 나타내는 갑골문으로 글자의 이미지를 쉽게 기억할 수 있게 하였다.

부수 설명 부수의 유래나 특징, 쓰임에 대한 설명. 특히, 부수명칭과는 별도로 다른 글자 속에서 주로 어떤 뜻을 갖는지 명시하였다.

쓰기 연습 각 한자마다 필순을 제시하였고, 원래 부수와 변형부수를 함께 써 보며 연습하게 하였다.

한자의 필순

용례 해당 부수를 구성요소로 가지고 있는 한자의 예. 자전용 부수가 다르면 ( )에 별도 표기하였다.

차례

만화 한자는 왜 배워야 할까요? | 8
부수에 들어있는 것들 | 12

1장 사람과 관련한 부수한자 | 13

1-0	사람과 관련한 대표 부수	14	人父頁口齒／手廾足肉厶
1-1	사람 모습	16	人儿入尢／大立尸匕
1-2	가족	20	父母子女／長老
1-3	머리	24	自頁首面／耳目見鼻
1-4	입	28	口曰言音／甘舌欠
1-5	이와 수염	32	齒牙／毛彡髟而
1-6	손	36	手又屮／爪彐寸
1-7	두 손	40	廾臼／支攴殳隶
1-8	발	44	足疋走止／夂夊癶舛
1-9	신체	48	肉骨歹／心疒身己
1-10	관계	52	厶勹色臣艮比鬥
■ 종합복습	56

2장 자연과 관련한 부수한자 | 57

2-0	자연과 관련한 대표 부수	58	日山木水／犬虍鳥
2-1	하늘	60	日月夕辰／气風雨
2-2	산	64	山阜厂谷／石土金玉
2-3	식물	68	木竹艸氏／生韭瓜
2-4	물	72	水火川氵／魚貝虫
2-5	가축	76	犬豕羊牛馬／皮革韋
2-6	짐승	80	虍豸鹿鼠／龜黽内釆
2-7	새	84	鳥羽飛乙／非龍隹角
■ 종합복습	88

3장 생활과 관련한 부수한자 | 89

3-0	생활과 관련한 대표 부수	91	衣食宀/禾工皿瓦/行口矛/黑示一
3-1	옷	92	衣麻糸幺/巾冖襾
3-2	음식과 술	96	食酉鬯/用斗両
3-3	집	100	宀穴广尸/高門戶
3-4	곡식	104	禾白米/麥黍齊香
3-5	도구	108	工力刀耒/士丨斤
3-6	그릇	112	皿缶鬲鼎/匸匚凵
3-7	주거생활	116	瓦片爿几/聿龠网
3-8	운송	120	行彳辵攴/車舟門
3-9	나라	124	口邑里/田鹵方鼓
3-10	무기	128	矛干亅戈/弓矢弋至
3-11	색깔	132	黑文辛赤/青黃玄
3-12	제사	136	示鬼卜爻/血豆无
3-13	기호	140	一二八十/丶亠丿小
■	종합복습	144	

부록1 정답 및 부수정보 | 145

- ■ 단원별 종합복습 정답 | 146
- ■ 부수의 위치와 명칭 | 147
- ■ 필순공식 | 148
- ■ 부수 구조표 | 149
- ■ 변형부수 목록표 | 150

부록2 부수 카드 | 151

● 한자를 알면 **학교공부가 쉽다!**

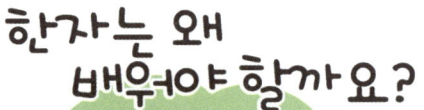

● 부수를 알면 한자가 쉽고 재미있다! [部首漢字]

예를 들어 〈물 수(水)〉라는 부수는 다른 글자 속에서 〈氵〉모양이 되는데, 물과 관련된 모든 글자에 들어가지.

물과 관련된 지형: 江(강 강) 海(바다 해) 洋(큰바다 양) 湖(호수 호) 澤(못 택) 池(못 지) 溪(시내 계) 溝(도랑 구)

물가에 형성된 지형: 洲(물가 주) 濱(물가 빈) 滷(소금밭 로) 漵(갯벌 서)

물의 특성: 深(깊을 심) 淺(얕을 천) 流(흐를 류) 滯(막힐 체) 淸(맑을 청) 濁(흐릴 탁) 濫(넘칠 람) 溢(넘칠 일) 浸(잠길 침) 溺(빠질 닉)

물의 이용: 漁(고기잡을 어) 洗(씻을 세) 濯(씻을 탁) 浴(목욕할 욕) 漱(양치질 수) 渡(건널 도) 泳(헤엄칠 영) 漂(떠다닐 표)

물의 형태: 汁(즙 즙) 液(진액 액) 油(기름 유) 酒(술 주) 泡(거품 포) 滴(물방울 적) 汽(증기 기)

한자에는 눈에 보이지 않는 감정이나 의지 같은 것을 나타내는 글자도 있는데, 그런 글자에는 대부분 마음 심(心)자가 들어가.

마음의 기쁨과 슬픔, 좋아하고 싫어하는 것, 사랑하고 미워하는 것, 시기(猜忌) 분노(憤怒) 번민(煩悶) 등 거의 모든 감정(感情) 의지(意志) 사상(思想)을 나타내는 단어에 〈마음 심(心忄)〉 부수가 들어간다.

悅(기쁠 열) 悲(슬플 비) 愛(사랑 애) 惡(싫어할 오) 快(쾌할 쾌) 忌(꺼릴 기) 憎(미워할 증) 悔(뉘우칠 회) 懼(두려워할 구) 怖(두려워할 포)…

아하! 그래서 부수를 모르면 한자를 헛 배웠다고 하는 거군요!

그랬구나~

부수 한 개로 수십 개, 수백 개의 한자를 한꺼번에 깨칠 수 있으니, 일당백인 셈이지.

그럼 부수의 개수는 몇 개나 되나요?

한글 자모가 24개, 영어 알파벳이 26개, 그리고…

한자의 부수는 214개!

이… 백…

쿠당

실망하긴 아직 이를 걸. 너희들이 부수를 알파벳 보다 더 쉽고 재미있게 익힐 수 있도록 재미있는 〈부수한자 이야기 보따리〉를 가지고 왔거든.

이야~

부수에 들어 있는 것들

한자에는 온 세상의

모든 것이 다 들어 있어요.

이 세상의 주인공인 사람에 관한 것들

이 영역을 대표하는 글자로 "人"(사람 인)이 있지요.

사람이 몸담고 살고 있는 자연에 관한 것들

이 영역을 대표하는 글자에 "日"(해 일)이 있구요.

그리고 사람이 살아가는데 필요한 여러 가지 생활 수단들

이 영역을 대표하는 글자로 의식주(衣食住)의 첫 글자인 "衣"(옷 의)를 꼽을 수 있겠죠?

1장

사람과 관련한 부수한자

1-0 | 사람과 관련한 대표 부수

人 父 頁 口 齒 / 手 廾 足 肉 厶   인부혈구치 /수공족육사

이 세상의 주인공은 **사람(人:사람 인)**이며

사람은 **아버지(父:아비 부)**로부터 나서 가족과 함께 삽니다.

사람의 생김새를 한번 살펴볼까요?

맨 위에는 **머리(頁:머리 혈)**가 있는데, 우리 몸의 주요 기관들이 가장 많이 들어 있지요.

그 중에서도 가장 바쁜 것이 밥 먹고 말을 하는 **입(口:입 구)**입니다.

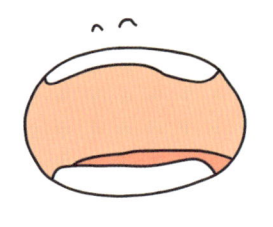

입 안에는 **이(齒:이 치)**가 있고 입 주위에 수염도 나구요.

사지 중에서 바쁜 것은 뭐니뭐니해도 **손(手:손 수)**이죠.

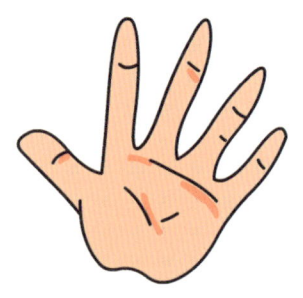

한 손 보다는 **두 손(廾:받들 공)**으로 많은 일을 하고,

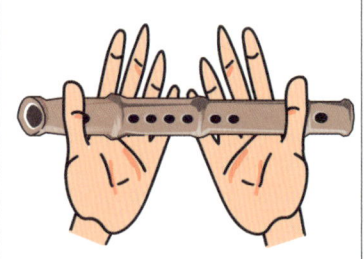

급하면 **발(足:발 족)**로 달려갑니다.

● 이야기 구슬 꿰기

1 [사람관련 대표 부수] 카드를 해당 그림 위에 각각 올려 놓고 서로 닮은 점을 찾아보세요.
2 책을 덮고, 이야기 순서에 따라 카드를 배열한 후, 카드 순서대로 이야기를 말 해 보세요.
3 순서에 따라 리듬감 있게 큰 소리로 카드를 읽어 보세요(한 번은 부수 이름으로, 한 번은 음으로 익숙해질 때까지 반복).

살(肉:고기 육)과 뼈로 되어 있는 우리 몸(肉)은 적당한 운동으로 건강을 유지해야 합니다.

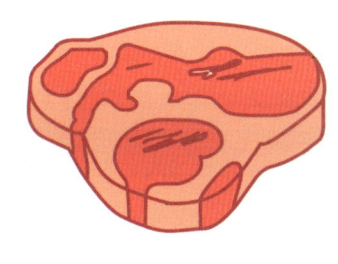

사람은 항상 주변 사람들과 관계를 맺으며 살지만,

때때로 혼자(厶:나 사)만의 시간을 가질 때도 있어요.

● 사람 관련 대표 부수들이 비슷한 다른 부수들과 함께 모여 재미있는 이야기 보따리가 되었어요.

사람 모습
人
人 儿 入 尢
大 立 尸 匕

가족
父
父 母 子 女
長 老

머리
頁
自 頁 首 面
耳 目 見 鼻

입
口
口 曰 言 音
甘 舌 欠

이와 수염
齒
齒 牙
毛 彡 髟 而

손
手
手 又 屮
爪 크 寸

두 손
廾
廾 臼
支 攴 殳 隶

발
足
足 疋 走 止
夂 夊 癶 舛

신체
肉
肉 骨 歹
心 广 身 己

관계
厶
厶 勹 色
臣 艮 比 鬥

제1장 사람과 관련한 부수한자 | 15

1-1 | 사람 모습

人 儿 入 尢 / 大 立 卩 匕   인인입왕 / 대립절비

● 이야기 카드로 연상하기

한 **사람(人)**이

人 : 사람 인

걸어서(儿)

儿 : 걷는사람 인

동굴 안으로 **들어가고(入)** 있는데,

入 : 들 입

자세히 보니 **절름발이(尢)**였다.

尢 : 절름발이 왕

갑자기 그 앞에 어떤 **큰 사람(大)**이

大 : 큰 대

떡 버티고 **선다(立)**.

立 : 설 립

놀란 절름발이는 자기도 모르게 그 사람 앞에 **무릎을 꿇고(卩)**

卩 : 병부절

몸을 구부렸다(匕).

匕 : 비수비

● 이야기 구슬 꿰기

1 부수카드 [1-1]을 각각 해당 그림 위에 올려 놓고 닮은 점을 찾으세요.
2 책을 덮고 이야기 순서대로 카드를 배열하세요. 다음에는 카드 순서대로 이야기를 말해 보세요.
3 순서에 따라 리듬감 있게 큰 소리로 카드를 읽어 보세요.

● 유래와 쓰임 익히기

人 사람 인	사람이 다리를 내딛고 옆으로 서 있는 모습. 다른 글자 속에서 주로 '亻(사람인 변)' 모양이 되며, 사람과 관련된 글자에 들어간다. ■ 뜻 : 사람	佳 아름다울 가 休 쉴 휴 仙 신선 선 信 믿을 신

儿 걷는사람 인	걸어가는 사람의 다리 모습. 무릎을 굽혀 절하는 모습 같다 해서 '어진사람'이라는 이름이 붙음. 다른 글자의 밑에 쓰여 '사람'을 나타낸다. ■ 뜻 : 사람, 다리	兄 형 형 兒 아이 아 先 먼저 선 見 볼 견

入 들 입	구멍이나 동굴에 들어가려고 몸을 숙인 사람의 모습 ■ 뜻 : 들어가다	內 안 내 兩 두 량 全 온전할 전

尢 절름발이 왕	한쪽 다리가 굽어서 절름발이인 사람(大)의 모습 ■ 뜻 : 굽다, 약함	尤 더욱 우 就 나아갈 취

제1장 사람과 관련한 부수한자

● 유래와 쓰임 익히기

大 (큰 대)

양 팔과 양 다리를 벌리고 서 있는 사람의 모습으로 '크다' 는 뜻
■ 뜻 : 사람, 크다

관련 한자:
- 天 하늘 천
- 夫 지아비 부
- 太 클 태
- 央 가운데 앙

立 (설 립)

땅(一) 위에 서 있는 사람(大)의 모습
■ 뜻 : 사람, 서다

관련 한자:
- 位 자리 위(人)
- 童 아이 동
- 竝 나란할 병
- 端 끝 단

卩 (병부 절)

꿇어 앉아 있는 사람의 모습. 병부는 옛 벼슬아치들의 신분을 표시하는 증명표인데, 일반 백성들은 이들 앞에서 무릎을 꿇었다.
■ 뜻 : 꿇어앉은 사람, 굽히다

관련 한자:
- 危 위태할 위
- 令 하여금 령(人)
- 領 거느릴 령(頁)
- 厄 액 액(厂)

匕 (비수 비)

오른 쪽으로 몸을 구부린 사람의 모습. 숟가락의 모양으로 보기도 한다.
■ 뜻 : 사람, 숟가락

관련 한자:
- 北 북녘 북
- 化 될 화
- 比 견줄 비(比)

확인학습

1. 다음 ( )에 알맞은 부수를 보기에서 찾아 아래 표에 쓰세요.

   한 **사람**(㉮)이 **걸어서**(㉯)
   동굴 안으로 **들어가고**(㉰) 있는데,
   자세히 보니 **절름발이**(㉱)였다.
   갑자기 그 앞에 어떤 **큰 사람**(㉲)이 떡 버티고 **선다**(㉳).
   놀란 절름발이는 자기도 모르게 그 사람 앞에 **무릎을 꿇고**(㉴)
   몸을 굽혔다(㉵).

보기	匕 立 入 尢 人 卩 大 儿

㉮	㉯	㉰	㉱
㉲	㉳	㉴	㉵

   · 같은 뜻의 부수가 두 개 이상일 때, 본문과 순서가 달라도 부수의 뜻과 맞으면 정답입니다.

2. 다음 큰 ( )에 부수의 이름을 쓰세요. 작은 ( )에는 변형부수가 있는 것은 변형부수를, 변형부수인 것은 원래 부수를 쓰세요.

   匕 (　　　)(　) 　人 (　　　)(　)
   立 (　　　)(　) 　卩 (　　　)(　)
   入 (　　　)(　) 　大 (　　　)(　)
   尢 (　　　)(　) 　儿 (　　　)(　)
   亻 (　　　)(　) 　㔾 (　　　)(　)

제1장 사람과 관련한 부수한자 | 19

1-2 | 가족

父母子女/長老　　부무자녀 / 장로

● 이야기 카드로 연상하기

옛날에는
가족이 여러 대가
모여서
함께 살았지만,
오늘날은
핵가족화 되어서

대부분 **아버지(父)**와

父 : 아버지 부

어머니(母),

母 : 말 무

그리고 **아들(子)**이나

子 : 아들 자

딸(女)로 이루어져 있다.

女 : 여자 녀

그나마 자녀도 많이 낳지 않아서 **긴(長)** 시간이 흐르면

長 : 긴 장

세상에는 **늙은이(老)**들만 남을 거라고

老 : 늙을 로

걱정하는 **어른(長)**들이 많다.

長 : 어른 장

● 이야기 구슬 꿰기

1 부수카드 [1-2]을 각각 해당 그림 위에 올려 놓고 닮은 점을 찾으세요.
2 책을 덮고 이야기 순서대로 카드를 배열하세요. 다음에는 카드 순서대로 이야기를 말해 보세요.
3 순서에 따라 리듬감 있게 큰 소리로 카드를 읽어 보세요.

● 유래와 쓰임 익히기

| 父 아버지 부 |  | 자식을 가르치기 위해 회초리를 들고 때리는 아버지의 모습. 생김새가 '칠 복(攵)' 자와 비슷하다.
■ 뜻 : 아버지 | 釜 가마 부(金)
斧 도끼 부(斤)
爺 아비 야 |

| 母 말 무 | | 여자 녀(女)자의 가슴 부분에 젖꼭지를 찍어 만든 글자. 아이를 먹이는 어머니를 함부로 해치지 말라는 뜻
■ 뜻 : 어머니, 여자, 금지 | 母 어머니 모
每 매양 매
毒 독 독 |

| 子 아들 자 |  | 양팔을 벌리고 있는 어린아이 모습
■ 뜻 : 아이, 아들 | 孝 효도 효
學 배울 학
孫 손자 손
孟 맏 맹 |

| 女 여자 녀 | | 여자가 두 손을 모으고 다소곳이 앉아있는 모습. 주로 여자나 여자의 특성과 관련된 글자에 쓰임
■ 뜻 : 여자 | 好 좋을 호
姓 성 성
姦 간사할 간
安 편안할 안(宀) |

제1장 사람과 관련한 부수한자 | 21

● 유래와 쓰임 익히기

긴 장 — 長

머리가 긴 노인의 모습. 주로 발음으로 쓰인다.
■ 뜻 : 길다, 어른

張 베풀 장
久 오랠 구
帳 장막 장(巾)

늙을 로 — 老

허리가 굽은 노인이 지팡이를 짚고 있는 모습
■ 뜻 : 노인

考 생각할 고
孝 효도 효(子)
者 사람 자

확인학습

1. 다음 ( )에 알맞은 부수를 보기에서 찾아 아래 표에 쓰세요.

   옛날에는 가족이 여러 대가 모여서 함께 살았지만,
   오늘날은 핵가족화 되어서
   대부분 **아버지**(㉮)와 **어머니**(㉯),
   그리고 **아들**(㉰)이나 **딸**(㉱)로 이루어져 있다.
   그나마 자녀도 많이 낳지 않아서 **긴**(㉲) 시간이 흐르면
   세상에는 **늙은이**(㉳)들만 남을 거라고
   걱정하는 **어른**(㉴)들이 많다.

보기	母 老 女 父 長 子		
㉮	㉯	㉰	㉱
㉲	㉳	㉴	

   · 같은 뜻의 부수가 두 개 이상일 때, 본문과 순서가 달라도 부수의 뜻과 맞으면 정답입니다.

2. 다음 큰 ( )에 부수의 이름을 쓰세요. 작은 ( )에는 변형부수가 있는 것은 변형부수를, 변형부수인 것은 원래 부수를 쓰세요.

   母 ( )( )   老 ( )( )
   女 ( )( )   父 ( )( )
   耂 ( )( )   長 ( )( )
   子 ( )( )   尹 ( )( )

1-3 | 머리

自頁首面/耳目見鼻　　자혈수면 / 이목견비

● 이야기 카드로 연상하기

중국인들은 **자기 자신(自)**을 가리킬 때 **코(自)**를 가리키는데,

自 : 스스로 자

코는 **머리(頁)**의 중심이며

頁 : 머리 혈

머리카락이 있는 **머리(首)**는 우리 몸의 가장 높은 자리에 있다.

首 : 머리 수

코를 중심으로 좌우에 뺨이 있는 것이 **얼굴(面)**이다.

面 : 얼굴 면

그 양 옆으로 **귀(耳)**가 있고,

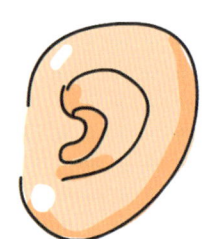

耳 : 귀 이

앞 쪽에는 두 **눈(目)**이 있어

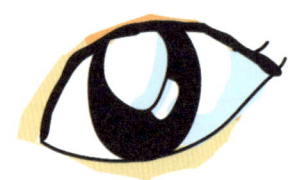

目 : 눈 목

사물을 **볼(見)** 수 있다.

見 : 볼 견

코(鼻)로는 숨을 쉬고 냄새를 맡는다.

鼻 : 코 비

● 이야기 구슬 꿰기

1 부수카드 [1–3]를 각각 해당 그림 위에 올려 놓고 닮은 점을 찾으세요.
2 책을 덮고 이야기 순서대로 카드를 배열하세요. 다음에는 카드 순서대로 이야기를 말해 보세요.
3 순서에 따라 리듬감 있게 큰 소리로 카드를 읽어 보세요.

● 유래와 쓰임 익히기

유래와 쓰임 익히기

확인학습

1. 다음 ( )에 알맞은 부수를 보기에서 찾아 아래 표에 쓰세요.

중국인들은 **자기 자신**(㉮)을 가리킬 때
코(㉮)를 가리키는데, 코는 **머리**(㉯)의 중심이며,
머리카락이 있는 **머리**(㉰)는 우리 몸의 가장 높은 자리에 있다.
코를 중심으로 좌우에 뺨이 있는 것이 얼굴(㉱)이다.
그 양 옆으로 **귀**(㉲)가 있고, 앞 쪽에는 두 **눈**(㉳)이 있어
사물을 **볼**(㉴) 수 있다. **코**(㉵)로는 숨을 쉬고 냄새를 맡는다.

보기	見 首 鼻 面 自 耳 目 頁

㉮	㉯	㉰	㉱

㉲	㉳	㉴	㉵

· 같은 뜻의 부수가 두 개 이상일 때, 본문과 순서가 달라도 부수의 뜻과 맞으면 정답입니다.

2. 다음 큰 ( )에 부수의 이름을 쓰세요. 작은 ( )에는 변형부수가 있는 것은 변형부수를, 변형부수인 것은 원래 부수를 쓰세요.

見( )( )　　首( )( )
鼻( )( )　　面( )( )
自( )( )　　耳( )( )
目( )( )　　頁( )( )

1-4 | 입

口日言音/甘舌欠　　구왈언음 / 감설흠

● 이야기 카드로 연상하기

입(口)으로는
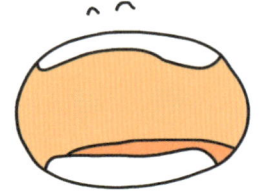
口 : 입 구

말을 하는데(日),
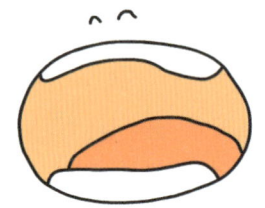
日 : 말할 왈

그 말(言)은

言 : 말씀 언

소리(音)가 되어 전달된다.

音 : 소리 음

또 입으로 달고(甘) 맛있는 음식을 먹는데,
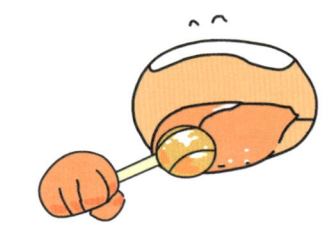
甘 : 달 감

단 맛은 혀(舌) 끝으로 느낀다.

舌 : 혀 설

졸음이 오면 입을 크게 벌려 하품(欠)도 한다.

欠 : 하품할 흠

● 이야기 구슬 꿰기

1 부수카드 [1-4]를 각각 해당 그림 위에 올려 놓고 닮은 점을 찾으세요.
2 책을 덮고 이야기 순서대로 카드를 배열하세요. 다음에는 카드 순서대로 이야기를 말해 보세요.
3 순서에 따라 리듬감 있게 큰 소리로 카드를 읽어 보세요.

● 유래와 쓰임 익히기

口				벌린 입 모양. 입으로 '먹는다, 말한다'는 뜻으로 쓰인다. ■ 뜻 : 입, 말하다, 먹다	
입 구	口	口	口		告 고할 고 名 이름 명 味 맛 미 問 물을 문
口	口	口			

曰				말을 할 때 벌어진 입(口)으로 혀(一)가 보이는 모습 ■ 뜻 : 말하다	
말할 왈	曰	曰	曰	曰	書 글 서 曲 굽을 곡 會 모일 회
曰	曰	曰			

言							입(口)과 혀(三)와 소리(一)의 모습을 본떠 만든 글자이다. ■ 뜻 : 말	
말씀 언	言	言	言	言	言	言	言	語 말씀 어 計 셀 계 訪 찾을 방 評 평론할 평
言	言	言						

音									입(口)에서 나오는 소리(立 一) ■ 뜻 : 소리	
소리 음	音	音	音	音	音	音	音	音	韻 운 운 響 울릴 향 竟 마침내 경(儿)
音	音	音							

● 유래와 쓰임 익히기

甘 달 감	 입의 모양과 혀끝을 나타내어, 혀끝으로 단맛을 느낀다는 뜻의 글자 ■ 뜻 : 달다	
	甘 甘 甘 甘 甘 甘	甚 심할 심 甜 달 첨
甘	甘 甘	

舌 혀 설	입(口)에서 나온 혀(干)의 모양. 말과 관련된 글자에 많이 쓰인다. ■ 뜻 : 혀, 말	
	舌 舌 舌 舌 舌 舌	憩 쉴 게(心) 活 살 활(氵) 話 말씀 화(言)
舌	舌 舌	

欠 하품할 흠	입을 크게 벌리고 하품하는 사람(人)의 모습. 입을 벌리는 것과 관련된 글자에 쓰인다. ■ 뜻 : 입을 벌리다	
	欠 欠 欠 欠	歌 노래 가 飮 마실 음 歎 탄식할 탄
欠	欠 欠	

확인학습

1. 다음 ( )에 알맞은 부수를 보기에서 찾아 아래 표에 쓰세요.

   입(㉮)으로는 **말을 하**(㉯)는데,
   그 **말**(㉰)은 **소리**(㉱)가 되어 전달된다.
   또 입으로 **달고**(㉲) 맛있는 음식을 먹는데,
   단 맛은 **혀**(㉳) 끝으로 느낀다.
   졸음이 오면 입을 크게 벌려 **하품**(㉴)도 한다.

보기	甘 口 音 曰 欠 舌 言

㉮	㉯	㉰	㉱

㉲	㉳	㉴	

   · 같은 뜻의 부수가 두 개 이상일 때, 본문과 순서가 달라도 부수의 뜻과 맞으면 정답입니다.

2. 다음 큰 ( )에 부수의 이름을 쓰세요. 작은 ( )에는 변형부수가 있는 것은 변형부수를, 변형부수인 것은 원래 부수를 쓰세요.

   甘(   )(   )   欠(   )(   )
   口(   )(   )   舌(   )(   )
   音(   )(   )   言(   )(   )
   曰(   )(   )

1-5 | 이와 수염

齒牙 / 毛彡髟而   치아 / 모삼표이

● 이야기 카드로 연상하기

	유치가 빠지고 다시 나는 이(齒)와	한 번 나면 평생 쓰는 어금니(牙),
옛날 우리 조상들은 부모에게서 물려받은 자신의 신체를 매우 소중히 여겼다.	 齒 : 이 치	 牙 : 어금니 아

머리털(毛)을 비롯하여	몸에 난 모든 털(彡)을 절대로 뽑거나 자르면 안된다고 생각했다.	그래서 옛날에는 노인이 되도록 머리털을 길게(髟) 길렀고
 毛 : 털 모	 彡 : 터럭 삼	 髟 : 긴 터럭 표

길게 난 수염(而)을 쓰다듬으며 어려운 사서삼경 논하기를 즐겼는데	공자왈 맹자왈 끊임없이 말을 이어가는(而) 노인들을 자주 볼 수 있었다.
 而 : 말이을 이	 而 : 말이을 이

● 이야기 구슬 꿰기

1 부수카드 [1-5]를 각각 해당 그림 위에 올려 놓고 닮은 점을 찾으세요.
2 책을 덮고 이야기 순서대로 카드를 배열하세요. 다음에는 카드 순서대로 이야기를 말해 보세요.
3 순서에 따라 리듬감 있게 큰 소리로 카드를 읽어 보세요.

● 유래와 쓰임 익히기

齒 (이 치)

윗니와 아랫니가 맞물려 있는 모습에, 소리를 나타내는 그칠 지(止)자가 합쳐진 글자
- 뜻 : 이

齡 나이 령

牙 (어금니 아)

서로 맞물려 있는 어금니의 모양
- 뜻 : 이

邪 간사할 사(阝)
穿 뚫을 천(穴)
芽 싹 아(艹)

毛 (털 모)

많은 털이 나 있는 모습
- 뜻 : 털

毫 터럭 호
尾 꼬리 미(尸)
毯 담요 담

彡 (터럭 삼)

털이 가지런히 나 있는 모습. 붓털로 색칠하거나 꾸민다는 뜻으로도 쓰인다.
- 뜻 : 털, 모양

形 모양 형
影 그림자 영
彩 무늬 채

● 유래와 쓰임 익히기

긴터럭 표

길게(長:긴 장) 늘어진 머리카락(彡:터럭 삼)을 뜻하는 글자
■ 뜻 : 긴 머리털

髮 머리 발

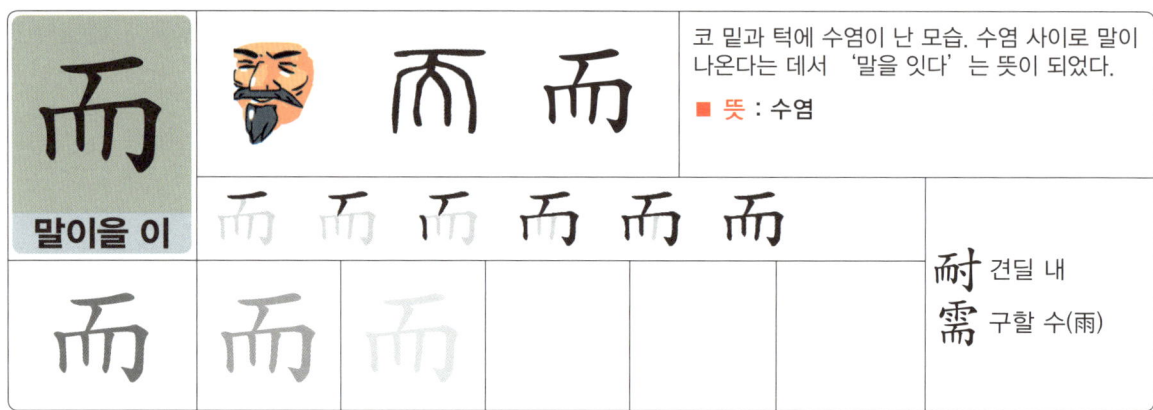

말이을 이

코 밑과 턱에 수염이 난 모습. 수염 사이로 말이 나온다는 데서 '말을 잇다'는 뜻이 되었다.
■ 뜻 : 수염

耐 견딜 내
需 구할 수(雨)

확인학습

1. 다음 ( )에 알맞은 부수를 보기에서 찾아 아래 표에 쓰세요.

   옛날 우리 조상들은 부모에게서 물려받은 자신의 신체를 매우 소중히 여겼다.
   유치가 빠지고 다시 나는 **이**(㉮)와 한 번 나서 평생 쓰는 **어금니**(㉯),
   머리털(㉰)을 비롯하여 몸에 난 모든 **털**(㉱)을
   절대로 뽑거나 자르면 안된다고 생각했다.
   그래서 옛날에는 노인이 되도록 **머리털을 길게**(㉲) 길렀고
   길게 난 **수염**(㉳)을 쓰다듬으며 어려운 사서삼경 논하기를 즐겼는데
   공자왈 맹자왈 끊임없이 말을 **이어가는**(㉴) 노인들을 자주 볼 수 있었다.

보기	齒 毛 而 彡 牙 髟

㉮	㉯	㉰	㉱

㉲	㉳	㉴	

   · 같은 뜻의 부수가 두 개 이상일 때, 본문과 순서가 달라도 부수의 뜻과 맞으면 정답입니다.

2. 다음 큰 ( )에 부수의 이름을 쓰세요. 작은 ( )에는 변형부수가 있는 것은 변형부수를, 변형부수인 것은 원래 부수를 쓰세요.

   齒(　　)(　) 　　而(　　)(　)
   毛(　　)(　) 　　彡(　　)(　)
   牙(　　)(　) 　　髟(　　)(　)

1-6 | 손

手 又 屮 / 爪 크 寸 　　　수우좌 / 조계촌

● 이야기 카드로 연상하기

나무꾼이 **손(手)**으로 나무를 베다가,

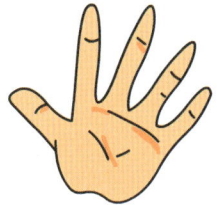

手 : 손 수

오른손(又)을 쓰고 **또(又)** 쓰는 바람에 다쳐버렸다.

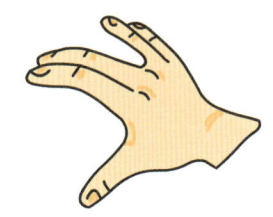

又 : 또 우

하는 수 없이 힘겹게 **왼손(屮)**만으로 나뭇단을 묶고 있었다.

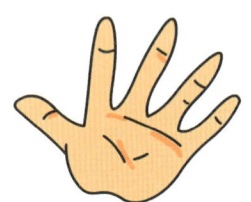

屮 : 왼손 좌

그 때 **손톱**이 긴 커다란 **손(爪)** 하나가 위에서 불쑥 나타났다.

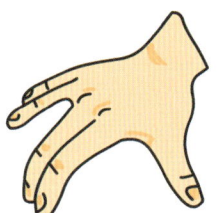

爪 : 손톱 조

놀라 쳐다보니, 험상궂게 생긴 사냥꾼이 한 **손(크)**에

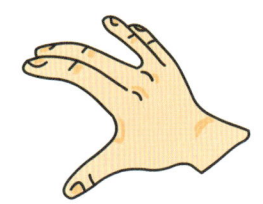

크 : 손 계

고슴도치 머리(크)를 움켜쥐고,

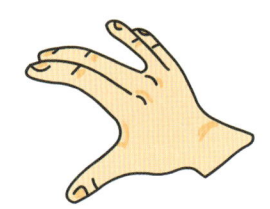

크 : 돼지머리 계

마디가 굵은 다른 **손(寸)**을 내밀어 나무꾼을 도와주려 하는 게 아닌가?

寸 : 마디 촌

● 이야기 구슬 꿰기

1 부수카드 [1-6]을 각각 해당 그림 위에 올려 놓고 닮은 점을 찾으세요.
2 책을 덮고 이야기 순서대로 카드를 배열하세요. 다음에는 카드 순서대로 이야기를 말해 보세요.
3 순서에 따라 리듬감 있게 큰 소리로 카드를 읽어 보세요.

● 유래와 쓰임 익히기

手 손 수	다섯 손가락을 펴고 있는 손의 모습. 다른 글자의 왼쪽에 붙으면 '扌' 모양으로 변한다. ■ 뜻 : 손
手 手 手 手 扌 扌 扌	技 재주 기 打 칠 타 探 찾을 탐 投 던질 투

又 또 우	오른 쪽에서 내민 손의 모습. 오른 손은 자주 쓴다는 데서 '또', '다시' 의 뜻이 있다. ■ 뜻 : 손
又 又	反 돌이킬 반 受 받을 수 友 벗 우 取 가질 취

屮 왼손 좌	새싹이 나오는 모양, 또는 왼손의 모양 ■ 뜻 : 손, 풀의 싹
屮 屮 屮	屯 진칠 둔 左 왼 좌(工) 友 벗 우(又) 布 베 포(巾)

爪 손톱 조	위에서 내민 사람의 손 모양. '손' 이나 '잡는다' 는 의미로 많이 쓰인다. ■ 뜻 : 손
爪 爪 爪 爪	爭 다툴 쟁 受 받을 수(又) 爲 할 위

유래와 쓰임 익히기

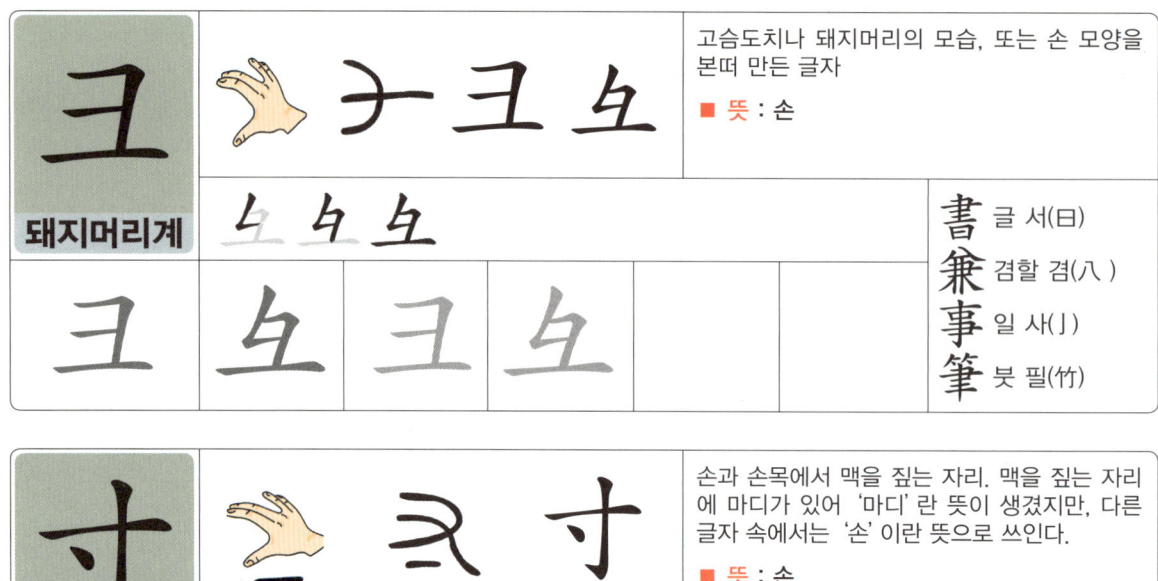

크 돼지머리계

고슴도치나 돼지머리의 모습, 또는 손 모양을 본떠 만든 글자
■ 뜻 : 손

書 글 서(日)
兼 겸할 겸(八)
事 일 사(亅)
筆 붓 필(竹)

寸 마디 촌

손과 손목에서 맥을 짚는 자리. 맥을 짚는 자리에 마디가 있어 '마디'란 뜻이 생겼지만, 다른 글자 속에서는 '손'이란 뜻으로 쓰인다.
■ 뜻 : 손

村 마을 촌(木)
射 쏠 사
寺 절 사
對 대할 대

확인학습

1. 다음 ( )에 알맞은 부수를 보기에서 찾아 아래 표에 쓰세요.

   나무꾼이 <u>손</u>(손 수: ㉮   )으로 나무를 베다가,

   <u>오른손</u>(또 우: ㉯   )을 쓰고 <u>또</u>(㉰   ) 쓰는 바람에 다쳐버렸다.

   하는 수 없이 힘겹게 <u>왼손</u>(왼손 좌: ㉱   )만으로 나뭇단을 묶고 있었다.

   그 때 손톱이 긴 커다란 <u>손</u>(손톱 조: ㉲   ) 하나가 위에서 불쑥 나타났다.

   놀라 쳐다보니, 험상궂게 생긴 사냥꾼이 한 <u>손</u>(손 계: ㉳   )에

   <u>고슴도치 머리</u>(손 계: ㉴   )를 움켜쥐고,

   마디가 굵은 다른 <u>손</u>(마디 촌: ㉵   )을 내밀어 나무꾼을 도와주려 하는 게 아닌가?

보기	手 屮 爪 又 寸 彐

㉮	㉯	㉰	㉱
㉲	㉳	㉴	㉵

   · 같은 뜻의 부수가 두 개 이상일 때, 본문과 순서가 달라도 부수의 뜻과 맞으면 정답입니다.

2. 다음 큰 (   )에 부수의 이름을 쓰세요. 작은 ( )에는 변형부수가 있는 것은 변형부수를, 변형부수인 것은 원래 부수를 쓰세요.

   又(   )(   )   手(   )(   )

   爪(   )(   )   扌(   )(   )

   屮(   )(   )   彐(   )(   )

   爫(   )(   )   彑(   )(   )

   寸(   )(   )   ナ(   )(   )

1-7 | 두 손

廾 臼 / 支 攵 殳 隶   공구/지복수이

● 이야기 카드로 연상하기

건넌마을 최진사는 변덕이 죽 끓듯 했다.

마당쇠가 두 손으로 물건을 받들어(廾) 드리면
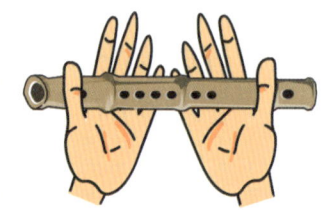
廾 : 받들 공

자기도 다정하게 두 손(臼)을 내밀어 받을 때도 있었다.
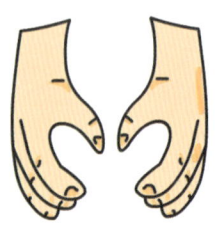
臼 : 두손 구

그러나 화가 날 때는 손에 나뭇 가지(支)를 잡고
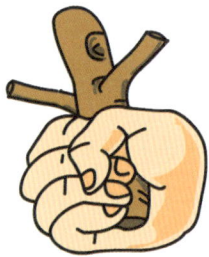
支 : 가지 지

마구 치거나(攵),
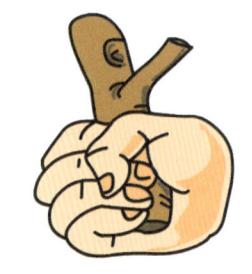
攵 : 칠 복

흉기를 들고 때리기(殳) 일쑤였다.
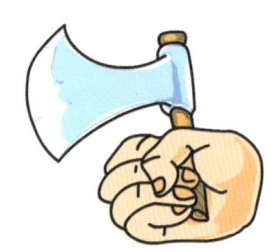
殳 : 칠 수

견디다 못한 마당쇠는 최진사의 옷자락을 붙잡고(隶) 애걸하였다.

隶 : 미칠 이

● 이야기 구슬 꿰기

1 부수카드 [1-7]를 각각 해당 그림 위에 올려 놓고 닮은 점을 찾으세요.
2 책을 덮고 이야기 순서대로 카드를 배열하세요. 다음에는 카드 순서대로 이야기를 말해 보세요.
3 순서에 따라 리듬감 있게 큰 소리로 카드를 읽어 보세요.

● 유래와 쓰임 익히기

廾 받들 공	🖐️ ᒥᒣ 廾	두 손으로 맞잡아서 들어 올리는 모양 ■ 뜻 : 내민 두 손
	廾 廾 廾	共 함께 공(八) 弄 희롱할 롱 算 셈 산(竹) 弃 버릴 기
廾	廾 廾	

臼 두손 구	🖐️ 𦥑 臼	양손을 나란히 내밀고 있는 모양, 또는 절구의 모양 ■ 뜻 : 두 손
	臼 臼 臼 臼 臼 臼	與 더불 여/줄 여 舊 옛 구 擧 들 거(手) 臽 함정 함
臼	臼 臼	

支 가지 지	✊ 支 支	손(又)에 나뭇가지(十)를 들고 있는 모습 ■ 뜻 : 가지
	支 支 支 支	枝 가지 지(木) 肢 사지 지(月) 鼓 북 고(鼓)
支	支 支	

攴 칠 복	✊ 攴 攴 攵	손(又)에 막대기(卜)를 들고 '친다'는 뜻의 글자로, 다른 글자의 오른 쪽에서는 '攵(등글월문)' 형태가 된다. ■ 뜻 : 막대기, 치다
	攴 攴 攵 攴	攻 칠 공 改 고칠 개 放 놓을 방 收 거둘 수
攴	攵 攴 攵	

● 유래와 쓰임 익히기

殳 칠 수	[흉기를 든 손 그림] 殳 殳	손에 흉기를 들고 있는 모습으로 '때리다, 치다' 는 뜻 ■ 뜻 : 치다(흉기로)
	殳 殳 殳 殳	殺 죽일 살 段 층계 단 毀 헐 훼 設 베풀 설(言)
殳	殳 殳	

隶 미칠 이/대	[짐승 꼬리를 잡는 사람 그림] 隶 隶	손(크)으로 짐승의 꼬리(氺)를 잡는다는 데서 '미친다, 다다른다' 는 뜻을 가진다. ■ 뜻 : 붙잡다, 종
	隶 隶 隶 隶 隶 隶 隶 隶	隷 붙을 례 逮 붙잡을 체(辶)
隶	隶 隶	

확인학습

1. 다음 ( )에 알맞은 부수를 보기에서 찾아 아래 표에 쓰세요.

   최진사는 변덕이 죽 끓듯 했다.
   마당쇠가 두 손으로 물건을 **받들어**(㉮) 드리면
   자기도 다정하게 **두 손**(㉯)을 내밀어 받을 때도 있었다.
   그러나 화 날 때는 나뭇 **가지**(㉰)로 **치거나(칠 복:** ㉱),
   흉기를 들고 **때리기(칠 수:** ㉲) 일쑤였다.
   견디다 못한 마당쇠는
   최진사의 옷자락을 **붙잡고**(㉳) 애걸하였다.

보기	攵 臼 支 隶 廾 殳

㉮	㉯	㉰	㉱

㉲	㉳		

   · 같은 뜻의 부수가 두 개 이상일 때, 본문과 순서가 달라도 부수의 뜻과 맞으면 정답입니다.

2. 다음 큰 ( )에 부수의 이름을 쓰세요. 작은 ( )에는 변형부수가 있는 것은 변형부수를, 변형부수인 것은 원래 부수를 쓰세요.

   臼( )( )   攵( )( )
   殳( )( )   隶( )( )
   廾( )( )   支( )( )
   攴( )( )

1-8 | 발

足疋走止 / 夂夊癶舛　족소주지 / 쇠치발천

● 이야기 카드로 연상하기

토끼는 짧은 앞**발(足)**과

足 : 발 족

긴 뒷**발(疋)**로

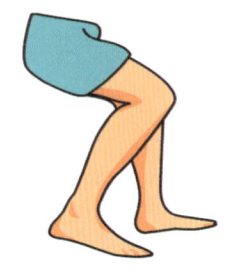

疋 : 발 소

신나게 **달리다(走)**가

走 : 달릴 주

거북이가 궁금해서 잠시 **멈춰(止)** 섰다.

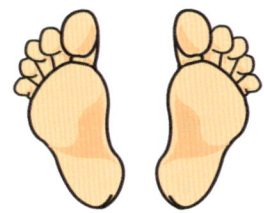

止 : 그칠 지

거북이는 **천천히 걸어오느라(夂)**

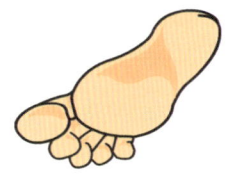

夂 : 걸을 쇠

한참이나 **뒤쳐져 오고(夊)** 있었다.

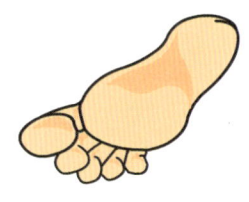

夊 : 뒤져올 치

으쓱해진 토끼는 두 발로 일어서 **걷기(癶)**도 하고,

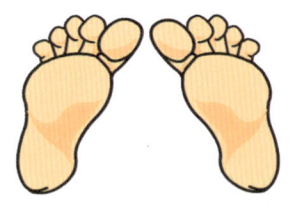

癶 : 걸을 발

두 발을 **어긋나게(舛)** 뛰며 **어지러이** 춤을 추느라 시간 가는 줄 몰랐다.

舛 : 어그러질 천

● 이야기 구슬 꿰기

1 부수카드 [1–8]를 각각 해당 그림 위에 올려 놓고 닮은 점을 찾으세요.
2 책을 덮고 이야기 순서대로 카드를 배열하세요. 다음에는 카드 순서대로 이야기를 말해 보세요.
3 순서에 따라 리듬감 있게 큰 소리로 카드를 읽어 보세요.

● 유래와 쓰임 익히기

足 발 족	🧎 疋 足 足	종아리(口)에 발(止)이 붙어 있는 모습. 주로 변형된 형태(𧾷)로 쓴다. ■ 뜻 : 다리, 발
	足 足 足 足 足 足 足	路 길 로 蹴 찰 축 距 떨어질 거 跳 뛸 도
	足 足 足 足	

疋 발 소	🧎 疋 足 疋	무릎에서 발끝까지의 모양. 발 족(足)자의 간략형 ■ 뜻 : 발
	疋 疋 疋 疋 疋	疏 소통할 소 是 옳을 시 (日) 疑 의심할 의
	疋 疋 疋 疋	

走 달릴 주	🏃 㞢 走	사람(大→土) 아래에 발(止:그칠 지)이 있는 모양으로, 사람이 달린다는 뜻을 나타낸다. ■ 뜻 : 달리다
	走 走 走 走 走 走 走	起 일어날 기 趣 취미 취 徒 무리 도(彳)
	走 走 走	

止 그칠 지	👣 屮 止	위쪽을 향해 멈춰 서 있는 발의 모습 ■ 뜻 : 발, 멈추다
	止 止 止 止	步 걸음 보 正 바를 정 歷 지낼 력 歧 갈림길 기
	止 止 止	

제1장 사람과 관련한 부수한자

● 유래와 쓰임 익히기

확인학습

1. 다음 ( )에 알맞은 부수를 보기에서 찾아 아래 표에 쓰세요.

   토끼는 짧은 앞**발**(발 족: ㉮   )과 긴 뒷**발**(발 소: ㉯   )로
   신나게 **달리다**(㉰   )가
   거북이가 궁금해서 잠시 **멈춰**(㉱   ) 섰다.
   거북이는 천천히 **걸어오느라**(㉲   ) 한참이나 **뒤쳐져 오고**(㉳   ) 있었다.
   으쓱해진 토끼는 두 발로 일어서 **걷기**(㉴   )도 하고,
   두 발을 **어긋나게**(㉵   ) 뛰며 **어지러이** 춤을 추느라 시간가는 줄 몰랐다.

보기	足 疋 走 止 舛 夂 夊 疋

㉮	㉯	㉰	㉱

㉲	㉳	㉴	㉵

   · 같은 뜻의 부수가 두 개 이상일 때, 본문과 순서가 달라도 부수의 뜻과 맞으면 정답입니다.

2. 다음 큰 ( )에 부수의 이름을 쓰세요. 작은 ( )에는 변형부수가 있는 것은 변형부수를, 변형부수인 것은 원래 부수를 쓰세요.

   走(　　)(　)   足(　　)(　)

   疋(　　)(　)   夂(　　)(　)

   止(　　)(　)   疋(　　)(　)

   正(　　)(　)   癶(　　)(　)

   夊(　　)(　)   舛(　　)(　)

1-9 | 신체

肉 骨 歹 / 心 疒 身 己   육골알 / 심녁신기

● 이야기 카드로 연상하기

우리 몸은 살(肉)과

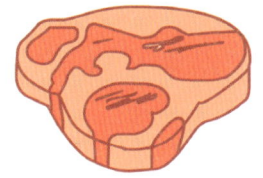

肉: 고기 육

뼈(骨)로 이루어져 있는데

骨: 뼈 골

죽으면 살은 썩고 부서진 뼈(歹/歺)만 앙상하게 남는다.

歹: 부서진 뼈 알

육체뿐 아니라 마음(心)이

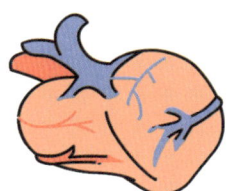

心: 마음 심

병(疒)이 들어도

疒: 병 녁

우리 몸(身)을 망칠 수 있다.

身: 몸 신

그러므로 자신의 몸(己)과 마음을 아끼고 소중히 여겨야 한다.

己: 몸 기

● 이야기 구슬 꿰기

1 부수카드 [1-9]를 각각 해당 그림 위에 올려 놓고 닮은 점을 찾으세요.
2 책을 덮고 이야기 순서대로 카드를 배열하세요. 다음에는 카드 순서대로 이야기를 말해 보세요.
3 순서에 따라 리듬감 있게 큰 소리로 카드를 읽어 보세요.

유래와 쓰임 익히기

肉 고기 육	근육이나 고기 덩어리를 자른 단면의 모양. 다른 글자 속에서 '月(육달월)' 형태가 된다. 고기나 신체부위와 관련된 글자에 쓰인다. ■ 뜻 : 고기, 신체부분	育 기를 육 有 있을 유 背 등 배 肥 살찔 비

骨 뼈 골	살이 발라진 뼈의 모양. 아래에 있는 '月'은 '肉'의 변형자로서 살이 조금 붙어있음을 뜻한다. ■ 뜻 : 뼈	體 몸 체 猾 교활할 활(犭)

歹 부서진 뼈 알	뼈만 앙상하게 남은 해골의 모습. 죽음이나 위험에 관련되는 글자에 들어간다. ■ 뜻 : 죽음, 재난	死 죽을 사 殘 남을 잔 殉 따라죽을 순

心 마음 심	심장의 모양을 본 뜬 글자. 사람의 마음, 감정, 성격을 나타내는 글자에 들어간다. 다른 글자의 오른쪽에 올 때 忄(마음심 변) 모양으로 쓰인다 ■ 뜻 : 마음, 생각	感 느낄 감 性 성품 성 情 뜻 정 忠 충성 충

제1장 사람과 관련한 부수한자

유래와 쓰임 익히기

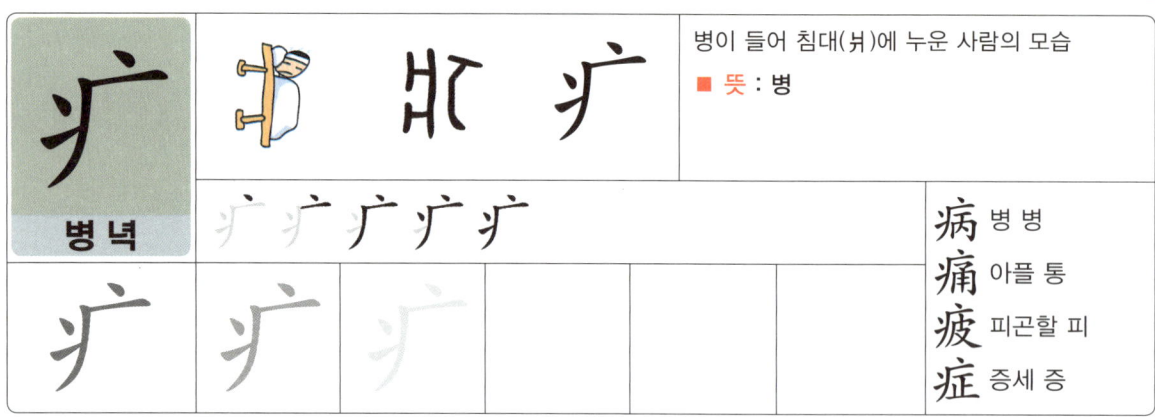

병녁 疒
- 병이 들어 침대(爿)에 누운 사람의 모습
- 뜻 : 병

病 병 병
痛 아플 통
疲 피곤할 피
症 증세 증

몸신 身
- 배가 불룩한 임신한 여자의 옆모습
- 뜻 : 몸

軀 몸 구
射 쏠 사(寸)

몸기 己
- 상체를 구부리고 꿇어 앉아 있는 사람의 모습. 주로 발음으로 쓰인다
- 뜻 : 구부린 사람

記 기록할 기(言)
妃 왕비 비(女)
起 일어날 기(走)

확인학습

1. 다음 ( )에 알맞은 부수를 보기에서 찾아 아래 표에 쓰세요.

   우리 몸은 **살**(㉮)과 **뼈**(㉯)로 이루어져 있는데,
   죽으면 살은 썩고 **부서진 뼈**(㉰)만 앙상하게 남는다.
   육체뿐 아니라 **마음**(㉱)이 **병**(㉲)들어도
   몸(몸 신: ㉳)을 망칠 수 있다.
   그러므로 자신의 **몸**(몸 기: ㉴)과 마음을 아끼고 소중히 여겨야 한다.

보기	肉 己 歹 心 骨 疒 身

㉮	㉯	㉰	㉱
㉲	㉳	㉴	

   · 같은 뜻의 부수가 두 개 이상일 때, 본문과 순서가 달라도 부수의 뜻과 맞으면 정답입니다.

2. 다음 큰 ( )에 부수의 이름을 쓰세요. 작은 ( )에는 변형부수가 있는 것은 변형부수를, 변형부수인 것은 원래 부수를 쓰세요.

   肉 ( )( )   歹 ( )( )
   月 ( )( )   疒 ( )( )
   歹 ( )( )   身 ( )( )
   心 ( )( )   己 ( )( )
   忄 ( )( )   骨 ( )( )

1-10 | 관계

厶 勹 色 / 臣 艮 比 鬥　　사포색 / 신간비투

● 이야기 카드로 연상하기

옛날에 어떤 원님이 **사사로이(厶)** 재물을 탐하고,

厶: 사사로울 사

좋아 보이는 것은 뭐든지 다 포대기로 **싸서(勹)** 자기 집으로 가져갔다.

勹: 감쌀 포

그 원님이 나타나기만 하면 백성들은 **얼굴빛(色)**이 변하였다.

色: 빛 색

마침 임금님의 **신하(臣)**가 그 지방을 지나다가 보고

臣: 신하 신

포악한 짓을 **그치라고(艮)** 명하였으나,

艮: 그칠 간

원님은 누가 더 힘이 있는지 **비교해(比)** 보자며

比: 견줄 비

싸움(鬥)을 걸어왔다.

鬥: 싸울 투

● 이야기 구슬 꿰기

1 부수카드 [1-10]을 각각 해당 그림 위에 올려 놓고 닮은 점을 찾으세요.
2 책을 덮고 이야기 순서대로 카드를 배열하세요. 다음에는 카드 순서대로 이야기를 말해 보세요.
3 순서에 따라 리듬감 있게 큰 소리로 카드를 읽어 보세요.

유래와 쓰임 익히기

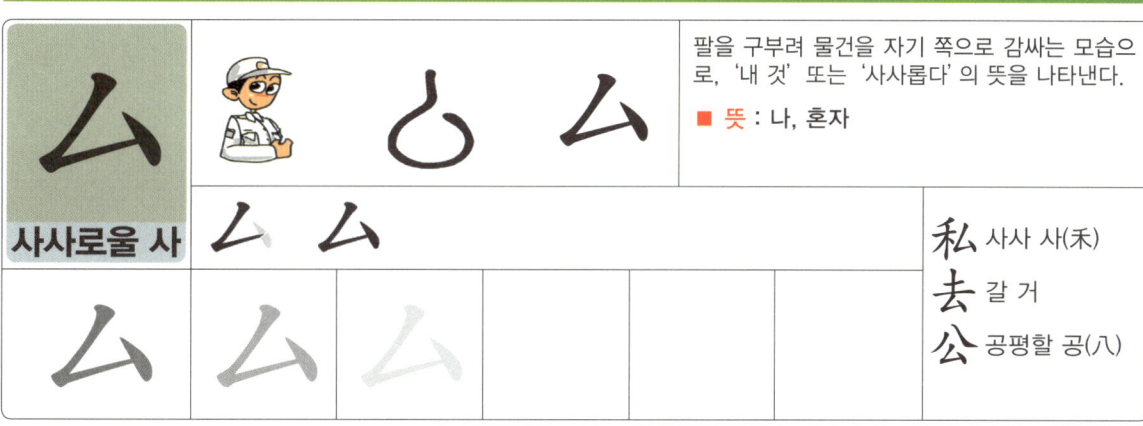

사사로울 사 (厶)
팔을 구부려 물건을 자기 쪽으로 감싸는 모습으로, '내 것' 또는 '사사롭다'의 뜻을 나타낸다.
- 뜻 : 나, 혼자

私 사사 사(禾)
去 갈 거
公 공평할 공(八)

감쌀 포 (勹)
사람이 몸을 구부려 두 팔로 물건을 감싸 안고 있는 모양
- 뜻 : 감싸다

包 쌀 포
抱 안을 포(扌)
勿 말 물

빛 색 (色)
한 사람(㇈)이 쪼그리고 있는 다른 사람(巴) 위에 올라 탄 모양. 다른 사람이 올라타서 힘들어 안색이 변한다는 데서 '빛, 색깔'의 뜻을 가진다.
- 뜻 : 빛, 색깔

艷 고울 염

신하 신 (臣)
임금님의 말씀을 잘 들으려고 눈을 크게 뜬 신하의 모습
- 뜻 : 신하, 백성

臥 누울 와
賢 어질 현(貝)
臨 임할 림

● 유래와 쓰임 익히기

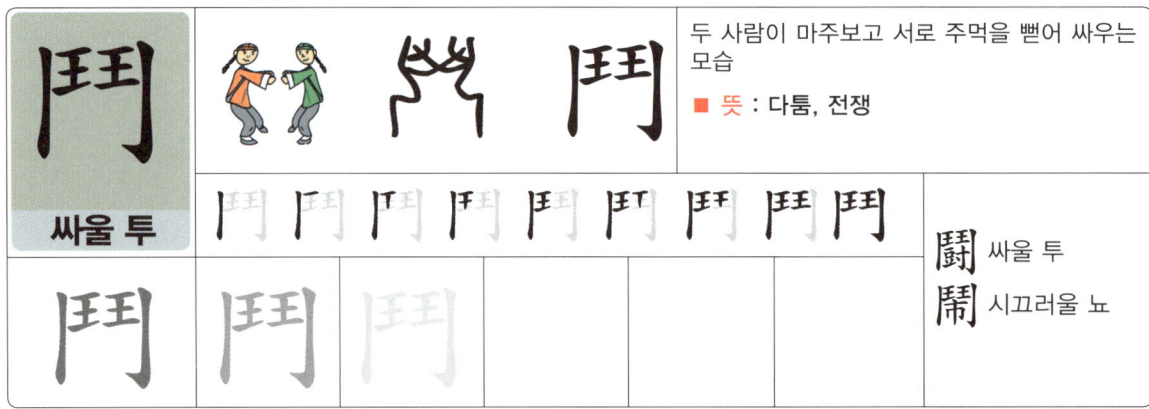

확인학습

1. 다음 ( )에 알맞은 부수를 보기에서 찾아 아래 표에 쓰세요.

   옛날에 어떤 원님이 **사사로이**(㉮) 재물을 탐하고,
   좋아 보이는 것은 뭐든지 다 포대기로 **감싸서**(㉯) 자기 집으로 가져갔다.
   그 원님이 나타나기만 하면 백성들은 **얼굴빛**(㉰)이 변하였다.
   마침 임금님의 **신하**(㉱)가 그 지방을 지나다가 보고
   포악한 짓을 **그치라고**(㉲) 명하였으나,
   원님은 누가 더 힘이 있는지 **비교해**(㉳) 보자며
   싸움(㉴)을 걸어왔다.

보기	鬪 厶 色 勹 臣 比 艮

㉮		㉯		㉰		㉱	
㉲		㉳		㉴			

   · 같은 뜻의 부수가 두 개 이상일 때, 본문과 순서가 달라도 부수의 뜻과 맞으면 정답입니다.

2. 다음 큰 ( )에 부수의 이름을 쓰세요. 작은 ( )에는 변형부수가 있는 것은 변형부수를, 변형부수인 것은 원래 부수를 쓰세요.

   鬪( )( )   厶( )( )
   色( )( )   勹( )( )
   臣( )( )   比( )( )
   艮( )( )

[綜合復習] 종합복습

1. 다음 중 사람과 관련이 없는 부수는?
   ① 爪　② 疋　③ 山　④ 亻

2. 발과 관련 있는 부수는?
   ① 疋　② 少　③ 忄　④ 扌

3. 두 손을 나타내는 부수를 모두 고르세요.
   ① 攴　② 卩　③ 廾　④ 又

4. 발과 관련 있는 부수를 모두 고르세요.
   ① 癶　② 止　③ 殳　④ 扌

5. 두 사람이 함께 들어가 있는 부수는?
   ① 比　② 身　③ 己　④ 勹

6. 신체와 관계가 없는 부수는?
   ① 虍　② 月　③ 忄　④ 歹

7. 부수의 원 모양과 변형된 모습을 짝지어 보세요

   人　·　　　　　　·　彑
   卩　·　　　　　　·　镸
   長　·　　　　　　·　歹
   老　·　　　　　　·　耂
   手　·　　　　　　·　亻
   少　·　　　　　　·　疋
   爪　·　　　　　　·　忄
   彐　·　　　　　　·　扌
   攴　·　　　　　　·　止
   足　·　　　　　　·　月
   疋　·　　　　　　·　攵
   肉　·　　　　　　·　㔾
   歺　·　　　　　　·　朩
   心　·　　　　　　·　爫

2장
자연과 관련한 부수한자

2-0 | 자연과 관련한 대표 부수

日 山 木 水 / 犬 虍 鳥   일산목수 / 견호조

자연은
우리 인간이
살아가는데
필요한 온갖 환경을
만들어 줍니다.

태양(日 : 해 일)이 없는 세상을 한 번 상상해 보세요.

산(山 : 산 산)은 보물창고와 같이 귀중한 산물들을 냅니다.

산 속의 나무(木 : 나무 목)는 열매와 땔감과 신선한 공기를 주고

물(水 : 물 수)은 농사를 짓고 마을을 이루어 살아가는데 가장 중요한 것이죠.

사람들은 예로부터 개(犬 : 개 견)와 같은 가축들을 길렀고,

호랑이(虍 : 범 호) 등의 야생 동물도 옛날 이야기에 자주 나옵니다.

새(鳥 : 새 조)들도 사람들의 삶과 많은 관계를 맺으며 살지요.

● 이야기 구슬 꿰기

1 [자연관련 대표 부수] 카드를 해당 그림 위에 각각 올려 놓고 서로 닮은 점을 찾아보세요.
2 책을 덮고, 이야기 순서에 따라 카드를 배열한 후, 카드 순서대로 이야기를 말 해 보세요.
3 순서에 따라 리듬감 있게 큰 소리로 카드를 읽어 보세요(한 번은 부수 이름으로, 한 번은 음으로 익숙해질 때까지 반복).

● 자연 관련 대표 부수들이 비슷한 다른 부수들과 함께 모여 재미있는 이야기 보따리가 되었어요.

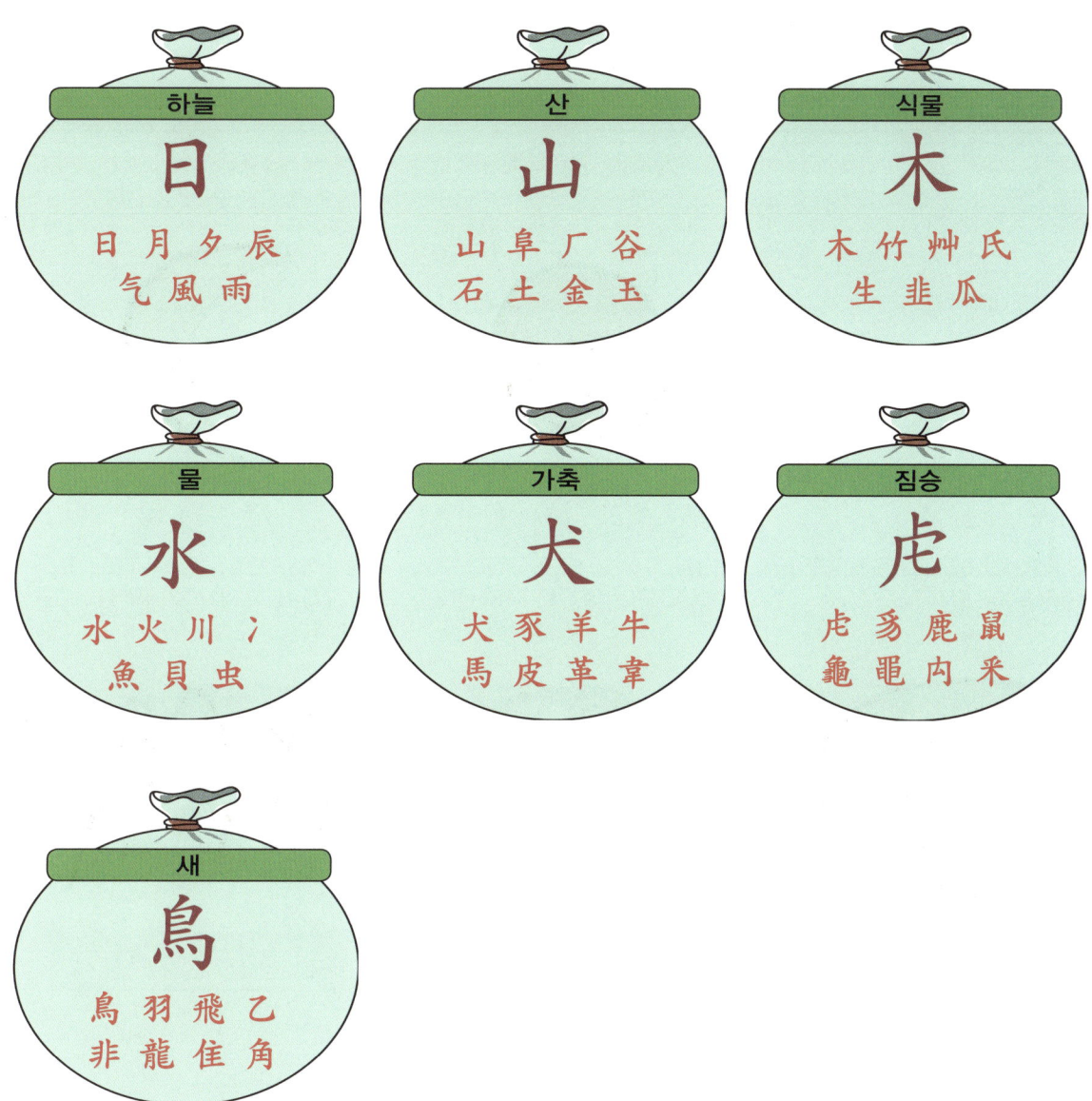

제2장 자연과 관련한 부수한자

2-1 | 하늘

日 月 夕 辰 / 气 風 雨   일월석진 / 기풍우

● 이야기 카드로 연상하기

봄볕에
언덕에 누워서
하늘을 바라보니

어느새 해(日)가 지면서

日 : 날 일

하얀 달(月)이 구름 사이로 모습을 드러내고,

月 : 달 월

저녁(夕)이 되자

夕 : 저녁 석

별(辰)들이 총총히 나타났다.

辰 : 별 진 / 때 신

갑자기 차가운 기운(气)이 느껴지더니

气 : 기운 기

바람(風)이 불고

風 : 바람 풍

비(雨)가 오기 시작했다.

雨 : 비 우

● 이야기 구슬 꿰기

1 부수카드 [2-1]을 각각 해당 그림 위에 올려 놓고 닮은 점을 찾으세요.
2 책을 덮고 이야기 순서대로 카드를 배열하세요. 다음에는 카드 순서대로 이야기를 말해 보세요.
3 순서에 따라 리듬감 있게 큰 소리로 카드를 읽어 보세요.

● 유래와 쓰임 익히기

날 일					둥근 해의 모습 ■ 뜻 : 해, 시간, 밝다
					明 밝을 명 早 이를 조 晚 늦을 만 時 때 시

달 월					초승달 모양. 다른 글자와 함께 쓸 때는 주로 오른쪽에 쓰이며, 왼쪽에 있는 '月'은 '肉'자의 변형자이다. ■ 뜻 : 달, 기간, 밝다
					明 밝을 명(日) 望 바랄 망 朝 아침 조 期 기약할 기

저녁 석					저녁 하늘에 떠 있는 반달 모양 ■ 뜻 : 저녁
					外 바깥 외 夜 밤 야 夢 꿈 몽

별 진/때 신					조개의 모습을 본떠 만든 글자로, 조개가 처음 움직일 때 뜨는 별을 보고 때를 알게 되었다고 한다. ■ 뜻 : 농사, 때, 별
					農 농사 농 辱 욕될 욕

제2장 자연과 관련한 부수한자

유래와 쓰임 익히기

확인학습

1. 다음 ( )에 알맞은 부수를 보기에서 찾아 아래 표에 쓰세요.

   봄볕에 언덕에 누워서 하늘을 바라보니,
   어느새 **해**(㉠)가 지면서
   하얀 **달**(㉡)이 구름 사이로 모습을 드러내고,
   저녁(㉢)이 되자 **별**(㉣)들이 총총히 나타났다.
   갑자기 차가운 **기운**(㉤)이 느껴지더니
   바람(㉥)이 불고 **비**(㉦)가 오기 시작했다.

보기	月　气　辰　風　夕　雨　日

㉠	㉡	㉢	㉣
㉤	㉥	㉦	

   · 같은 뜻의 부수가 두 개 이상일 때, 본문과 순서가 달라도 부수의 뜻과 맞으면 정답입니다.

2. 다음 큰 ( )에 부수의 이름을 쓰세요. 작은 ( )에는 변형부수가 있는 것은 변형부수를, 변형부수인 것은 원래 부수를 쓰세요.

   月(　　　)(　　)　　气(　　　)(　　)
   辰(　　　)(　　)　　風(　　　)(　　)
   夕(　　　)(　　)　　雨(　　　)(　　)
   日(　　　)(　　)

2-2 | 산

山 阜 厂 谷 / 石 土 金 玉   산부엄곡 / 석토금옥

● 이야기 카드로 연상하기

휴일에 친구들과 **산(山)**에 갔다.

山 : 메 산

언덕(阜)을 올라가는데

阜 : 언덕 부

갑자기 가파른 **절벽(厂)**이 나타났다.

厂 : 언덕 엄/한

발을 헛디뎌서 그만 **골짜기(谷)**로 떨어졌는데,

谷 : 골 곡

돌(石) 하나가 함께 굴러 떨어졌다.

石 : 돌 석

흙(土)을 털고 일어나보니

土 : 흙 토

주변에 **금(金)** 광석과

金 : 쇠 금

옥돌(玉)들이 널려 있었다.

玉 : 구슬 옥

● 이야기 구슬 꿰기

1 부수카드 [2-2]를 각각 해당 그림 위에 올려 놓고 닮은 점을 찾으세요.
2 책을 덮고 이야기 순서대로 카드를 배열하세요. 다음에는 카드 순서대로 이야기를 말해 보세요.
3 순서에 따라 리듬감 있게 큰 소리로 카드를 읽어 보세요.

유래와 쓰임 익히기

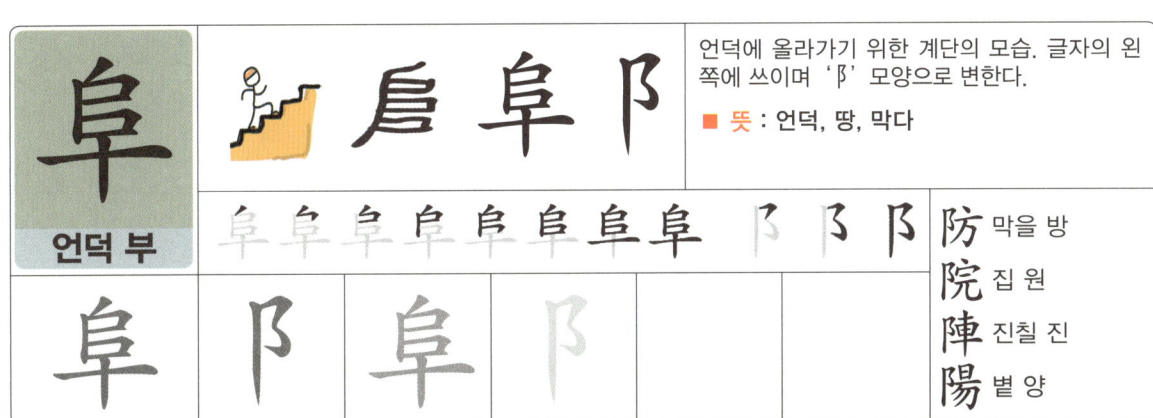

● 유래와 쓰임 익히기

石 돌 석	🪨 石 石	절벽(厂)에서 떨어진 바위(口)의 모습 ■ 뜻 : 돌
	石 石 石 石 石	研 갈 연 碑 비석 비 磨 갈 마 破 깨뜨릴 파
石	石 石	

土 흙 토	🟫 으 土	땅 위에 있는 흙덩어리를 표시한 글자 ■ 뜻 : 흙
	土 土 土	場 마당 장 地 땅 지 堂 집 당 基 터 기
土	土 土	

金 쇠 금/성 김	🔔 金 金	흙(土)에 묻혀있는 광석의 모습, 또는 거푸집(仝)에서 쇳물이 흐르는 모습. 금속과 관련된 글자에 들어간다. ■ 뜻 : 광물, 재물
	金 金 金 金 仝 仝 金 金	銅 구리 동 針 바늘 침 銀 은 은 鏡 거울 경
金	金 金	

玉 구슬 옥	🪬 丰 玉 王	실에 꿰어 있는 3개의 구슬 모양. 점을 찍어서 임금 왕(王)자와 구별하지만, 다른 글자 속에서는 점을 뺀다. ■ 뜻 : 옥, 구슬
	王 工 干 王	球 공 구 理 다스릴 리 珍 보배 진 珠 구슬 주
玉	王 玉 王	

확인학습

1. 다음 ( )에 알맞은 부수를 보기에서 찾아 아래 표에 쓰세요.

휴일에 친구들과 **산**(㉮)에 갔다.

언덕(㉯)을 올라가는데 갑자기 가파른 **절벽**(㉰)이 나타났다.

발을 헛디뎌서 그만 **골짜기**(㉱)로 떨어졌는데,

돌(㉲)하나도 함께 굴러 떨어졌다.

흙(㉳)을 털고 일어나보니

주변에 **금**(㉴)광석과 **옥돌**(㉵)들이 널려 있었다.

山 厂 土 谷 阜 玉 石 金

㉮	㉯	㉰	㉱
㉲	㉳	㉴	㉵

· 같은 뜻의 부수가 두 개 이상일 때, 본문과 순서가 달라도 부수의 뜻과 맞으면 정답입니다.

2. 다음 큰 ( )에 부수의 이름을 쓰세요. 작은 ( )에는 변형부수가 있는 것은 변형부수를, 변형부수인 것은 원래 부수를 쓰세요.

阜(　　　)(　) 　　谷(　　　)(　)

阝(　　　)(　) 　　石(　　　)(　)

山(　　　)(　) 　　玉(　　　)(　)

厂(　　　)(　) 　　土(　　　)(　)

王(　　　)(　) 　　金(　　　)(　)

2-3 | 식물

木 竹 艸 氏 / 生 韭 瓜   목죽초씨 / 생구과

● 이야기 카드로 연상하기

나무(木) 중에서

木 : 나무 목

우리 선조들이 특히 좋아했던 대나무(竹)는

竹 : 대나무 죽

사실은 나무가 아니라 풀(艸)이다.

艸 : 풀 초

땅 속으로 길게 뻗어있는 줄기의 마디에서 뿌리(氏)가

氏 : 성/뿌리 씨

생겨난다(生).

生 : 날 생

야채 중에서 부추(韭)는 줄기가 짧고

韭 : 부추 구

오이(瓜) 줄기는 긴 덩굴이 된다.

瓜 : 오이 과

● 이야기 구슬 꿰기

1 부수카드 [2-3]을 각각 해당 그림 위에 올려 놓고 닮은 점을 찾으세요.
2 책을 덮고 이야기 순서대로 카드를 배열하세요. 다음에는 카드 순서대로 이야기를 말해 보세요.
3 순서에 따라 리듬감 있게 큰 소리로 카드를 읽어 보세요.

● 유래와 쓰임 익히기

| 木 나무 목 | 가지와 뿌리를 가진 나무의 모습 ■ 뜻 : 나무 | 材 재목 재
束 묶을 속
林 수풀 림
植 심을 식 |

| 竹 대나무 죽 | 2개의 대나무 줄기에 잎이 붙어있는 모습 ■ 뜻 : 대나무, 책 | 算 셈 산
筆 붓 필
答 대답 답
管 대롱 관 |

| 艸 풀 초 | 풀 두 포기의 모양. 글자 위에 쓰일 때 '艹'가 되며 '초 두'라 부른다. ■ 뜻 : 풀, 식물 | 花 꽃 화
草 풀 초
藥 약 약
蘭 난초 란 |

| 氏 성/뿌리 씨 | 갈라져서 뻗어가는 나무 뿌리의 모양 ■ 뜻 : 뿌리 | 民 백성 민
紙 종이 지(糸)
脈 줄기 맥(月)
旅 나그네 려(方) |

제2장 자연과 관련한 부수한자 | 69

● 유래와 쓰임 익히기

生 날 생	🌱 㞢 生	땅 위로 솟아나는 새싹의 모습 ■ 뜻 : 나다, 생기다	
	生 生 牛 牛 生		産 낳을 산 姓 성씨 성(女) 性 성품 성(忄)
生	生 生		

韭 부추 구	🌿 韭 韭	땅(一) 위에 잎과 줄기(非)가 여러 갈래로 나 있는 부추의 모양 ■ 뜻 : 부추	
	韭 韭 韭 韭 韭 韭 韭 韭		纖 가늘 섬(糸) 殲 다 죽일 섬(歹)
韭	韭 韭		

瓜 오이 과	🌿 瓜 瓜	오이 1개와, 좌우로 덩굴 2개, 위의 줄기가 있는 모습 ■ 뜻 : 박과 식물	
	瓜 瓜 瓜 瓜 瓜		孤 외로울 고(子) 瓢 바가지 표
瓜	瓜 瓜		

확인학습

1. 다음 ( )에 알맞은 부수를 보기에서 찾아 아래 표에 쓰세요.

   나무(㉮) 중에서
   우리 선조들이 특히 좋아했던 대나무(㉯)는,
   사실은 나무가 아니라 풀(㉰)이다.
   땅 속으로 길게 뻗어있는 줄기의 마디에서 뿌리(㉱)가
   생겨난다(㉲).
   야채 중에서 부추(㉳)는 줄기가 짧고
   오이(㉴) 줄기는 긴 덩굴이 된다.

보기	韭 瓜 艸 生 木 氏 竹		
㉮	㉯	㉰	㉱
㉲	㉳	㉴	

   · 같은 뜻의 부수가 두 개 이상일 때, 본문과 순서가 달라도 부수의 뜻과 맞으면 정답입니다.

2. 다음 큰 ( )에 부수의 이름을 쓰세요. 작은 ( )에는 변형부수가 있는 것은 변형부수를, 변형부수인 것은 원래 부수를 쓰세요.

   艸(　　)(　)　　竹(　　)(　)
   氏(　　)(　)　　木(　　)(　)
   艹(　　)(　)　　生(　　)(　)
   韭(　　)(　)　　瓜(　　)(　)
   竹(　　)(　)

2-4 | 물

水 火 川 冫 / 魚 貝 虫   수화천빙 / 어패충

● 이야기 카드로 연상하기

자연이 인간에 준 커다란 선물 중에는 물(水)과

水 : 물 수

불(火)이 있다.

火 : 불 화

물이 모이면 내(川)를 이루고,

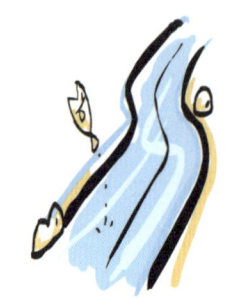

川 : 내 천

날이 추우면 얼음(冫)이 된다.

冫 : 얼음 빙

물 속에는 물고기(魚)와

魚 : 물고기 어

조개(貝)가 살며,

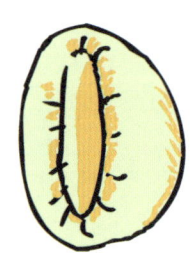

貝 : 조개 패

물이 있는 주변에는 온갖 벌레(虫)들이 모여 산다.

虫 : 벌레 충

● 이야기 구슬 꿰기

1 부수카드 [2-4]를 각각 해당 그림 위에 올려 놓고 닮은 점을 찾으세요.
2 책을 덮고 이야기 순서대로 카드를 배열하세요. 다음에는 카드 순서대로 이야기를 말해 보세요.
3 순서에 따라 리듬감 있게 큰 소리로 카드를 읽어 보세요.

● 유래와 쓰임 익히기

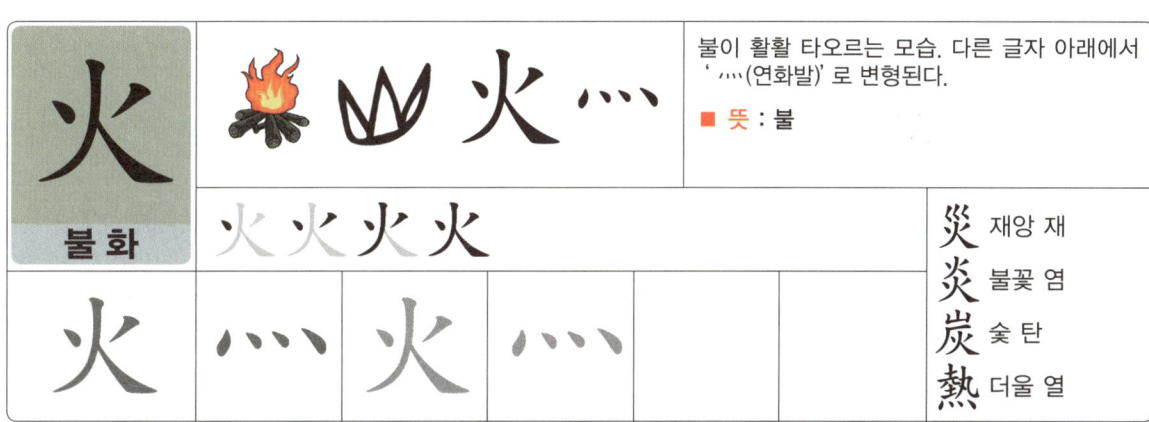

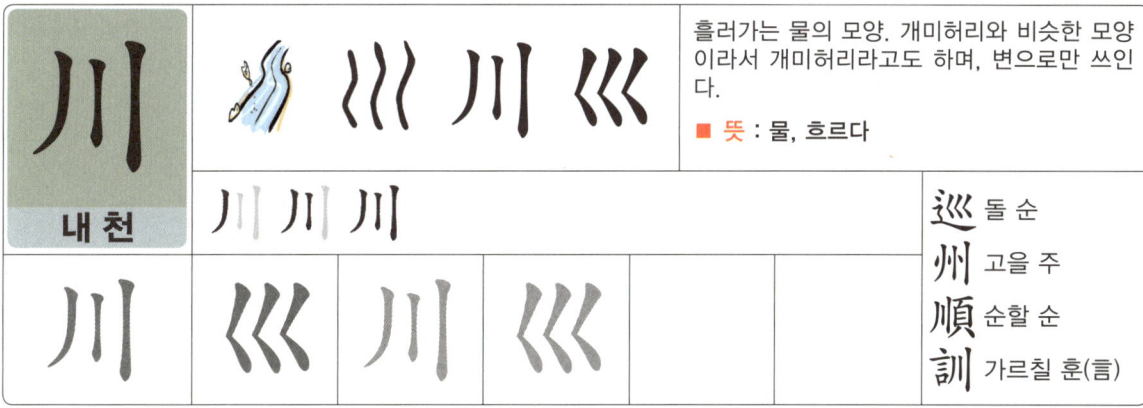

제2장 자연과 관련한 부수한자 | 73

● 유래와 쓰임 익히기

| 魚 물고기 어 | 지느러미가 있는 물고기의 옆모습 ■ 뜻 : 물고기 | 鮮 고울 선 / 漁 고기 잡을 어 / 鮫 문어 문 / 鯨 고래 경 |

| 貝 조개 패 | 마노 조개의 모습. 옛날에는 화폐 대신 조개껍질을 사용한 데서 '돈, 재물'과 관련된 글자에 많이 들어간다. ■ 뜻 : 돈, 재물 | 財 재물 재 / 貨 재화 화 / 貯 쌓을 저 / 賣 팔 매 |

| 虫 벌레 충 | 고개를 쳐들고 있는 뱀의 모습. 옛날 중국에서는 뱀, 조개, 새우 등도 벌레로 보았다. ■ 뜻 : 벌레 | 蛇 뱀 사 / 蜂 벌 봉 / 蝶 나비 접 / 蟲 벌레 충 |

확인학습

1. 다음 ( )에 알맞은 부수를 보기에서 찾아 아래 표에 쓰세요.

   자연이 인간에 준 커다란 선물 중에
   물(㉮)과 **불**(㉯)이 있다.
   물이 모이면 **내**(㉰)를 이루고,
   날이 추우면 **얼음**(㉱)이 된다.
   물 속에는 **물고기**(㉲)와 **조개**(㉳)가 살며,
   물이 있는 주변에는 온갖 **벌레**(㉴)들이 모여 산다.

보기	水 魚 川 虫 氵 貝 火

㉮	㉯	㉰	㉱
㉲	㉳	㉴	

   · 같은 뜻의 부수가 두 개 이상일 때, 본문과 순서가 달라도 부수의 뜻과 맞으면 정답입니다.

2. 다음 큰 ( )에 부수의 이름을 쓰세요. 작은 ( )에는 변형부수가 있는 것은 변형부수를, 변형부수인 것은 원래 부수를 쓰세요.

   水( )( )   火( )( )
   川( )( )   灬( )( )
   氵( )( )   巛( )( )
   魚( )( )   冫( )( )
   氺( )( )   貝( )( )
   虫( )( )

2-5 | 가축

犬 豕 羊 牛 馬 / 皮 革 韋　견시양우마 / 피혁위

● 이야기 카드로 연상하기

집에서 기르는 가축에는 잡식성인 **개(犬)**와

犬 : 개 견

돼지(豕)가 있고,

豕 : 돼지 시

초식성인 **양(羊)**과

羊 : 양 양

소(牛)가 있으며,

牛 : 소 우

부유한 집에서는 **말(馬)**을 기르기도 했다.

馬 : 말 마

가축이 죽으면 **껍질(皮)**을 벗겨서

皮 : 가죽 피

가죽(革) 제품을 만들어 사용했는데,

革 : 가죽 혁

발로 무두질을 하면 부드럽고 질긴 **가죽(韋)**이 되었다.

韋 : 가죽 위

● 이야기 구슬 꿰기

1 부수카드 [2-5]를 각각 해당 그림 위에 올려 놓고 닮은 점을 찾으세요.
2 책을 덮고 이야기 순서대로 카드를 배열하세요. 다음에는 카드 순서대로 이야기를 말해 보세요.
3 순서에 따라 리듬감 있게 큰 소리로 카드를 읽어 보세요.

유래와 쓰임 익히기

犬 (개 견)

개의 옆 모습을 세로로 세운 것. 다른 글자 속에서는 왼쪽에 '개사슴록 변(犭)'으로 변형된다.
- 뜻 : 짐승, 개

犯 범할 범
狂 미칠 광
狗 개 구
猛 사나울 맹

豕 (돼지 시)

돼지의 옆모습을 90도 회전시킨 것으로, 왼쪽이 4개의 다리, 오른쪽 아래가 꼬리를 나타낸다.
- 뜻 : 돼지, 짐승

豚 돼지 돈
象 코끼리 상
豪 호걸 호
豫 미리 예

羊 (양 양)

머리에 뿔이 있고 털(毛)이 난 양의 모습
- 뜻 : 양

美 아름다울 미
着 붙을 착(目)
義 옳을 의
群 무리 군

牛 (소 우)

뿔이 나 있는 소 머리의 모습
- 뜻 : 소

牧 칠 목
物 물건 물
特 특별할 특
牽 끌 견

● 유래와 쓰임 익히기

馬 (말 마)

말의 옆모습. 윗부분은 말머리의 갈기를, 아래쪽에 있는 4개의 점은 다리를 나타낸다.

■ 뜻 : 말

馬馬馬馬馬馬馬馬馬馬

馬 馬 馬

- 驛 역 역
- 騎 말탈 기
- 驗 시험 험
- 驚 놀랄 경

皮 (가죽 피)

손(又:오른손 우)으로 짐승 가죽을 벗기는 모습

■ 뜻 : 껍질, 겉

皮皮皮皮皮

皮 皮 皮

- 彼 저 피(彳)
- 波 물결 파(氵)
- 被 입을 피(衤)

革 (가죽 혁)

짐승의 가죽을 벗겨서 펼쳐 말리는 모습. 위로부터 머리, 앞발, 뒷발, 꼬리를 나타낸다.

■ 뜻 : 가죽

革革革革革革革革革

革 革 革

- 靴 신 화
- 靭 질길 인

韋 (가죽 위)

두 발로 가죽을 밟으며 무두질 하고 있는 모습

■ 뜻 : 가죽

韋韋韋韋韋韋韋韋韋

韋 韋 韋

- 偉 클 위(亻)
- 圍 에울 위(囗)
- 韓 나라이름 한

확인학습

1. 다음 ( )에 알맞은 부수를 보기에서 찾아 아래 표에 쓰세요.

   집에서 기르는 가축에는 잡식성인 **개**(㉮)와 **돼지**(㉯)가 있고,
   초식성인 **양**(㉰)과 **소**(㉱)가 있으며,
   부유한 집에서는 **말**(㉲)을 기르기도 했다.
   가축이 죽으면 **껍질(가죽 피: ㉳)**을 벗겨서
   가죽(가죽 혁: ㉴)제품을 만들어 사용했는데,
   발로 무두질을 하면 부드럽고 질긴 **가죽(가죽 위: ㉵)**이 되었다.

보기	犬 皮 馬 羊 韋 牛 豕 革

㉮	㉯	㉰	㉱

㉲	㉳	㉴	㉵

   · 같은 뜻의 부수가 두 개 이상일 때, 본문과 순서가 달라도 부수의 뜻과 맞으면 정답입니다.

2. 다음 큰 ( )에 부수의 이름을 쓰세요. 작은 ( )에는 변형부수가 있는 것은 변형부수를, 변형부수인 것은 원래 부수를 쓰세요.

   犬(　　　)(　) 　　　犭(　　　)(　)
   羊(　　　)(　) 　　　豕(　　　)(　)
   牛(　　　)(　) 　　　皮(　　　)(　)
   韋(　　　)(　) 　　　馬(　　　)(　)
   革(　　　)(　) 　　　牛(　　　)(　)

2-6 | 짐승

虎 豸 鹿 鼠 / 龜 黽 内 釆   호치록서 / 구맹유변

● 이야기 카드로 연상하기

야생 동물로는 **호랑이(虎)**와 같은

虎 : 범 호

맹수(豸)가 있고,

豸 : 맹수 치

사슴(鹿)처럼 순하거나,

鹿 : 사슴 록

쥐(鼠)처럼 작은 동물도 있다.

鼠 : 쥐 서

거북이(龜)나

龜 : 거북 귀/구

맹꽁이(黽)는 물과 뭍에서 동시에 산다.

黽 : 맹꽁이 맹

옛날에는 짐승들이 남긴 **발자국(内)**을 보고

内 : 짐승발자국 유

밤사이 어떤 짐승들이 다녀갔는지 **분별하기도(釆)** 했다.

釆 : 분별할 변

● 이야기 구슬 꿰기

1 부수카드 [2-6]을 각각 해당 그림 위에 올려 놓고 닮은 점을 찾으세요.
2 책을 덮고 이야기 순서대로 카드를 배열하세요. 다음에는 카드 순서대로 이야기를 말해 보세요.
3 순서에 따라 리듬감 있게 큰 소리로 카드를 읽어 보세요.

● 유래와 쓰임 익히기

● 유래와 쓰임 익히기

확인학습

1. 다음 ( )에 알맞은 부수를 보기에서 찾아 아래 표에 쓰세요.

    야생 동물로는 **호랑이**(㉮)와 같은 **맹수**(㉯)가 있고,

    사슴(㉰)처럼 순하거나,

    쥐(㉱)처럼 작은 동물도 있다.

    거북이(㉲)나 **맹꽁이**(㉳)는 물과 뭍에서 동시에 산다.

    옛날에는 짐승들이 남긴 **발자국**(㉴)을 보고

    밤사이 어떤 짐승들이 다녀갔는지 **분별하기도**(㉵)했다.

보기	内 虍 鹿 豸 龜 釆 鼠 黽

㉮	㉯	㉰	㉱
㉲	㉳	㉴	㉵

    · 같은 뜻의 부수가 두 개 이상일 때, 본문과 순서가 달라도 부수의 뜻과 맞으면 정답입니다.

2. 다음 큰 ( )에 부수의 이름을 쓰세요. 작은 ( )에는 변형부수가 있는 것은 변형부수를, 변형부수인 것은 원래 부수를 쓰세요.

    鹿 (   )(   )   黽 (   )(   )

    龜 (   )(   )   虍 (   )(   )

    内 (   )(   )   豸 (   )(   )

    鼠 (   )(   )   釆 (   )(   )

1-7 | 새

鳥 羽 飛 乙 / 非 龍 隹 角 조우비을 / 비룡추각

● 이야기 카드로 연상하기

새(鳥)는 일반적으로

鳥: 새 조

날개(羽)를 가지고

羽: 깃 우

날아다니지만(飛),

飛: 날 비

닭이나 집오리처럼 새(乙) 종류이면서도

乙: 새 을

날개로 날지 않는(非)것도 있다.

非: 아닐 비

상상의 동물인 용(龍)은 날기는 하지만

龍: 용 룡

새(隹)는 아니며

隹: 새 추

뿔(角)이 있지만 초식동물도 아니다.

角: 뿔 각

● 이야기 구슬 꿰기

1 부수카드 [2-7]을 각각 해당 그림 위에 올려 놓고 닮은 점을 찾으세요.
2 책을 덮고 이야기 순서대로 카드를 배열하세요. 다음에는 카드 순서대로 이야기를 말해 보세요.
3 순서에 따라 리듬감 있게 큰 소리로 카드를 읽어 보세요.

● 유래와 쓰임 익히기

● 유래와 쓰임 익히기

非 (아닐 비)

양쪽으로 펼쳐진 새의 날개 모습. 날개가 서로 반대 방향으로 펼쳐져 있다는 데서 '아니다'의 뜻을 가진다.
■ 뜻 : 아니다, 배반

悲 슬플 비(心)
罪 허물 죄(罒)
徘 방황할 배(彳)

龍 (용 룡)

머리를 세우고 하늘로 올라가는 용의 모습
■ 뜻 : 용, 군주

聾 귀먹을 롱(耳)
籠 새장 롱(竹)

隹 (새 추)

꽁지가 뭉툭하게 생긴 새의 모양
■ 뜻 : 새

集 모을 집
雅 우아할 아
雁 기러기 안
離 떠날 리

角 (뿔 각)

짐승의 뾰쪽한 뿔 모양. 각이 진 모서리를 뜻하기도 한다.
■ 뜻 : 뿔

解 풀 해
觸 닿을 촉

확인학습

1. 다음 ( )에 알맞은 부수를 보기에서 찾아 아래 표에 쓰세요.

   새(㉮)는 일반적으로 날개(㉯)를 가지고

   날아다니지만(㉰),

   닭이나 집오리처럼 새(㉱) 종류이면서도

   날개로 날지 않는(㉲) 것도 있다.

   상상의 동물인 용(㉳)은 날기는 하지만 새(㉴)가 아니며

   뿔(㉵)이 있지만 초식동물도 아니다(非).

보기	羽 鳥 乙 隹 龍 非 角 飛

㉮	㉯	㉰	㉱
㉲	㉳	㉴	㉵

   · 같은 뜻의 부수가 두 개 이상일 때, 본문과 순서가 달라도 부수의 뜻과 맞으면 정답입니다.

2. 다음 큰 ( )에 부수의 이름을 쓰세요. 작은 ( )에는 변형부수가 있는 것은 변형부수를, 변형부수인 것은 원래 부수를 쓰세요.

   羽(　)(　)　　鳥(　)(　)

   角(　)(　)　　飛(　)(　)

   乙(　)(　)　　龍(　)(　)

   非(　)(　)　　乚(　)(　)

   隹(　)(　)

[綜合復習] 종합복습

1. 다음 중 천체와 관련이 있는 부수는?
   ① 瓜   ② 貝   ③ 角   ④ 辰

2. 기후와 관련 있는 부수는?
   ① 雨   ② 夕   ③ 谷   ④ 王

3. 지형과 관련 있는 부수를 모두 고르세요.
   ① 氏   ② 竹   ③ 厂   ④ 卩

4. 식물과 관련 있는 부수가 아닌 것은?
   ① 虫   ② 艸   ③ 竹   ④ 瓜

5. 물과 관계 없는 부수는?
   ① 川   ② 冫   ③ 氵   ④ 皮

6. 가축을 나타내는 부수를 모두 고르세요.
   ① 灬   ② 牛   ③ 羊   ④ 豕

7. 짐승의 발자국을 나타내는 부수는?
   ① 鹿   ② 内   ③ 虍   ④ 龜

8. 부수의 원 모양과 변형된 모양을 짝지어 보세요

   阜 ·   · 艹
   玉 ·   · 氵
   艸 ·   · 犭
   水 ·   · 羊
   火 ·   · 王
   川 ·   · 乚
   竹 ·   · 阝
   犬 ·   · 灬
   羊 ·   · 巜
   牛 ·   · 氺
   乙 ·   · 竹
                              · 牛

3장
생활과 관련한 부수한자

3-0 | 생활과 관련한 대표 부수

衣 食 宀 / 禾 工 皿 瓦 / 行 口 矛 / 黑 示 一
의 식 면 / 화 공 명 와 / 행 국 모 / 흑 시 일

우리 인간은 자연과 환경에 적응하는 한편, 살아가는데 필요한 여러 가지 생활 수단들을 만들어 냈다.

그 중 가장 중요한 것은 크게 **의(衣 : 옷 의)**(입는 것),

식(食 : 먹을 식)(먹는 것),

주(住 : 宀 : 집 면)(거주하는 것)로 나뉜다.

사람들은 예로부터 먹고 살기 위해 여러 가지 **곡식(禾 : 벼 화)**들을 재배하였고,

더 편리하게 일을 할 수 있는 **도구(工 : 장인 공)**를 만들고

식량 등을 저장할 수 있는 **그릇(皿 : 그릇 명)**을 만들었다.

생활이 발달하면서 **기와(瓦 : 기와 와)**집을 짓고 윤택하게 살게 되었고,

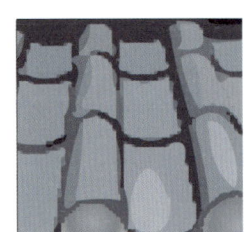

큰 길(行 : 갈 행)을 내어 먼 곳을 왕래하기도 했다.

● 이야기 구슬 꿰기

1 [생활관련 대표 부수] 카드를 해당 그림 위에 각각 올려 놓고 서로 닮은 점을 찾아보세요.
2 책을 덮고, 이야기 순서에 따라 카드를 배열한 후, 카드 순서대로 이야기를 말 해 보세요.
3 순서에 따라 리듬감 있게 큰 소리로 카드를 읽어 보세요(3장은 대표 부수가 많아 읽기보다 이야기배열 위주로 연습해도 됩니다).

사회 집단이 커지자 **나라**(口: 나라국/에울위)가 세워졌고,

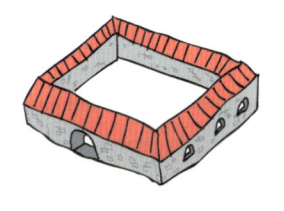

나라들 끼리 **무기**(矛 : 창 모)를 들고 서로 싸웠는데,

적군과 아군을 구별하기 위해 여러 가지 **색깔**(黑 : 검을 흑)로 깃발을 만들었다.

하늘이나 조상에 **제사**(示:보일시/귀신기) 지내는 종교가 나타났고,

기호(一:하나 일)를 써서 자기 의사를 표시한 것이 문자의 시초였다.

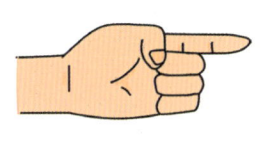

● 생활 관련 대표 부수들이 비슷한 다른 부수들과 함께 모여 재미있는 이야기 보따리가 되었어요.

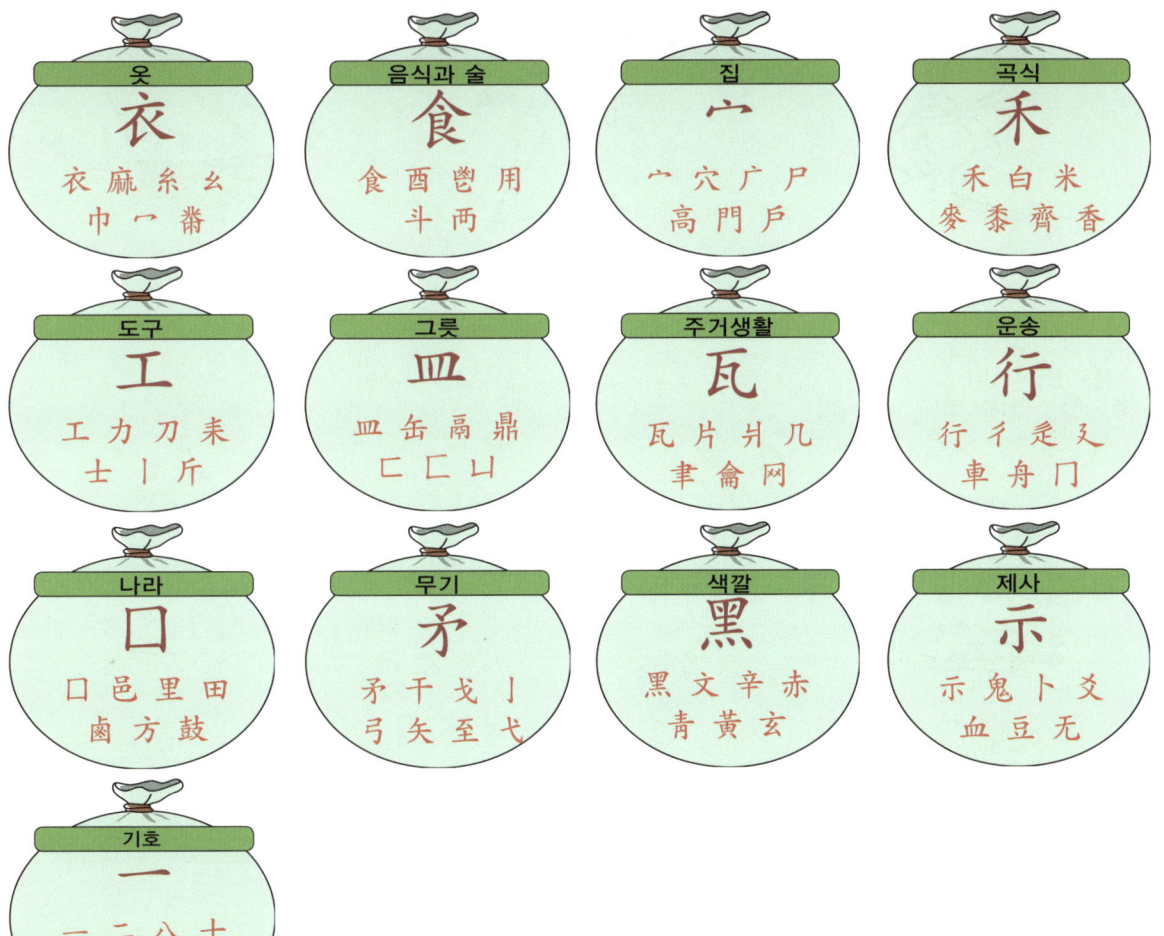

3-1 | 옷

衣 麻 糸 幺 / 巾 冖 黹   의마사요 / 건멱치

● 이야기 카드로 연상하기

옷(衣)은 어떻게 만들어질까?

衣 : 옷 의

옛날에는 삼(麻)이나 누에고치 같은 천연 재료에서

麻 : 삼 마

실(糸)을 뽑아냈다

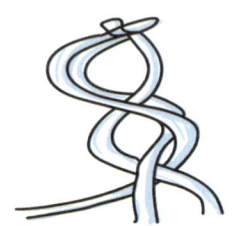

糸 : 실 사

작은(幺) 실타래를 이어 긴 옷감을 짜고,

幺 : 작을 요

그것을 잘라 수건(巾)이나

巾 : 수건 건

물건을 덮는(冖) 보자기를 만들었다.

冖 : 덮을 멱

예쁜 수를 놓아
바느질을 하면(黹) 고급 옷이 되었다.

黹 : 바느질 치

● 이야기 구슬 꿰기

1 부수카드 [3-1]을 각각 해당 그림 위에 올려 놓고 닮은 점을 찾으세요.
2 책을 덮고 이야기 순서대로 카드를 배열하세요. 다음에는 카드 순서대로 이야기를 말해 보세요.
3 순서에 따라 리듬감 있게 큰 소리로 카드를 읽어 보세요.

● 유래와 쓰임 익히기

| 衣 옷 의 | 옷고름이 달린 저고리의 모양. 다른 글자의 왼쪽에 쓰일 때 '衤' 모양으로 변형된다.
■ 뜻 : 옷 | 補 기울 보
表 겉 표
被 입을 피
裂 찢을 렬 |

| 麻 삼 마 | 평상(广)에 삼베의 재료인 삼(林)을 말리는 모습
■ 뜻 : 삼베, 옷 | 주로 발음 역할
磨 갈 마(石)
魔 마귀 마(鬼) |

| 糸 실 사 | 실을 감은 실타래 모양
■ 뜻 : 실 | 約 맺을 약
線 줄 선
紙 종이 지
綿 솜 면 |

| 幺 작을 요 | 실타래의 모습. 실처럼 '작다, 약하다'는 뜻을 가진다.
■ 뜻 : 실, 작다 | 幼 어릴 유
幽 그윽할 유
幾 몇 기 |

제3장 생활과 관련한 부수한자

유래와 쓰임 익히기

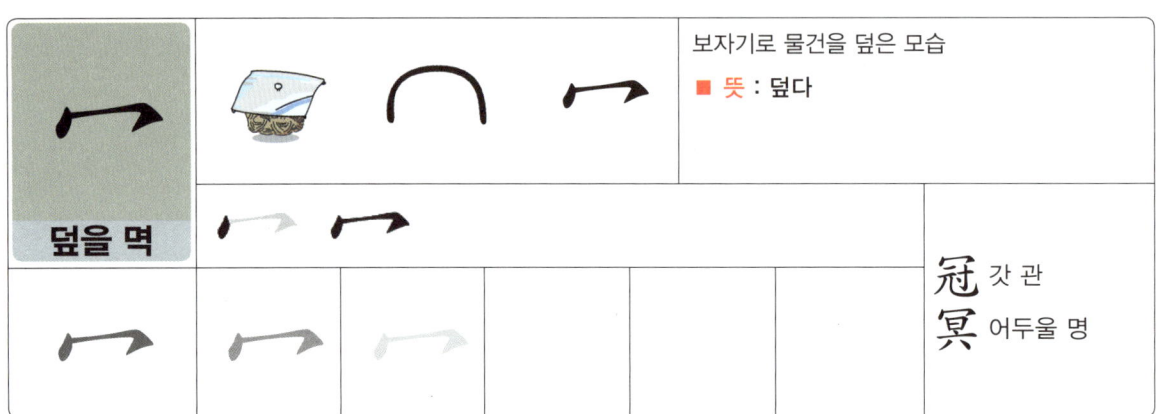

확인학습

1. 다음 ( )에 알맞은 부수를 보기에서 찾아 아래 표에 쓰세요.

    옷(가)은 어떻게 만들어질까?
    옛날에는 삼(나)이나 누에고치 같은
    천연 재료에서 실(다)을 뽑아냈다.
    작은(라) 실타래를 이어 긴 옷감을 짜고,
    그것을 잘라 수건(마)이나,
    물건을 덮는 (바) 보자기를 만들었다.
    예쁜 수를 놓아 바느질을 하면(사) 고급 옷이 되었다.

보기	黹 衣 巾 糸 麻 幺 冖			
가		나	다	라
마		바	사	

    · 같은 뜻의 부수가 두 개 이상일 때, 본문과 순서가 달라도 부수의 뜻과 맞으면 정답입니다.

2. 다음 큰 ( )에 부수의 이름을 쓰세요. 작은 ( )에는 변형부수가 있는 것은 변형부수를, 변형부수인 것은 원래 부수를 쓰세요.

    幺 ( )( )　　麻 ( )( )
    衣 ( )( )　　糸 ( )( )
    巾 ( )( )　　黹 ( )( )
    冖 ( )( )　　衤 ( )( )

3-2 | 음식과 술

食 酉 鬯 / 用 斗 襾 　　식유창 / 용두아

● 이야기 카드로 연상하기

예로부터 사람들의 삶에는 **먹는(食)** 즐거움과 함께

食 : 밥 식

술(酉) 마시는 즐거움을 빼놓을 수 없었다.

酉 : 술 유

술(鬯)을 담글 때는

鬯 : 술이름 창

나무통이나 입구가 좁은 병을 용기로 **사용(用)**했는데

用 : 쓸 용

쌀과 물의 양은 **말(斗)**로 재어 넣었고

斗 : 말 두

누룩을 넣고 뚜껑을 **덮어(襾)** 발효시키면 천연술이 되었다.

襾 : 덮을 아

● 이야기 구슬 꿰기

1 부수카드 [3-2]를 각각 해당 그림 위에 올려 놓고 닮은 점을 찾으세요.
2 책을 덮고 이야기 순서대로 카드를 배열하세요. 다음에는 카드 순서대로 이야기를 말해 보세요.
3 순서에 따라 리듬감 있게 큰 소리로 카드를 읽어 보세요.

● 유래와 쓰임 익히기

● 유래와 쓰임 익히기

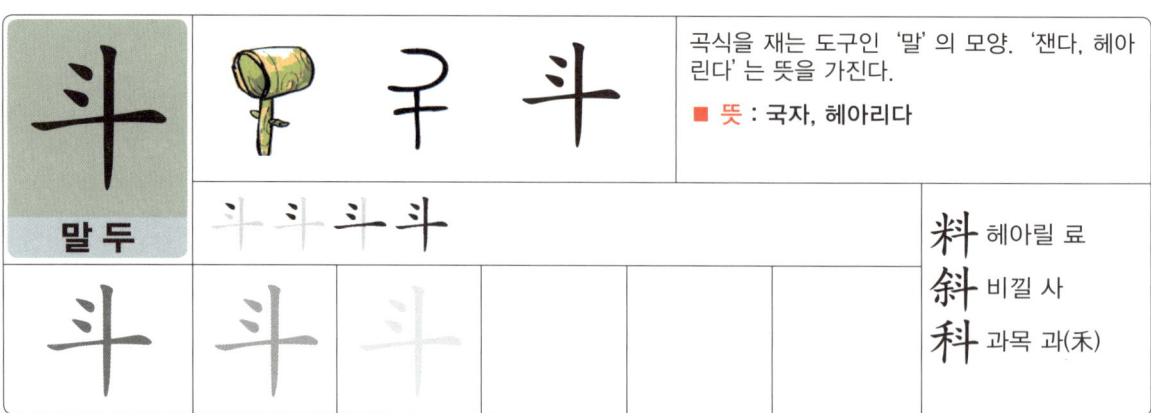

斗 말 두 — 곡식을 재는 도구인 '말'의 모양. '잰다, 헤아린다'는 뜻을 가진다.
■ 뜻 : 국자, 헤아리다

料 헤아릴 료
斜 비낄 사
科 과목 과(禾)

襾 덮을 아 — 그릇의 뚜껑 모양
■ 뜻 : 덮다, 숨기다

要 요긴할 요
覆 덮을 부/다시 복
栗 밤 률(木)

확인학습

1. 다음 ( )에 알맞은 부수를 보기에서 찾아 아래 표에 쓰세요.

   예로부터 사람들의 삶에는 **먹는**(㉮) 즐거움과 함께

   술(술 유: ㉯) 마시는 즐거움을 빼놓을 수 없었다.

   술(술이름 창: ㉰)을 담글 때

   나무통이나 입구가 좁은 병을 용기로 **사용**(㉱)했으며,

   쌀과 물의 양은 **말**(㉲)로 재어 넣었고

   누룩을 넣고 뚜껑을 **덮어**(㉳) 발효시키면 천연 술이 되었다.

보기	斗　食　鬯　用　襾　酉

㉮	㉯	㉰	㉱
㉲	㉳		

   · 같은 뜻의 부수가 두 개 이상일 때, 본문과 순서가 달라도 부수의 뜻과 맞으면 정답입니다.

2. 다음 큰 ( )에 부수의 이름을 쓰세요. 작은 ( )에는 변형부수가 있는 것은 변형부수를, 변형부수인 것은 원래 부수를 쓰세요.

   食(　　)(　) 　　鬯(　　)(　)

   酉(　　)(　) 　　用(　　)(　)

   襾(　　)(　) 　　飠(　　)(　)

   西(　　)(　) 　　斗(　　)(　)

3-3 | 집

宀 穴 广 尸 / 高 門 戶　　　면혈엄시 / 고문호

● 이야기 카드로 연상하기

원시시대부터 사람들은 움막으로 **집(宀)**을 짓거나

宀 : 집 면

바위에 **구멍(穴)**을 뚫고 살거나,

穴 : 구멍 혈

한쪽 벽을 언덕에 붙여서 지은 **집(广)**에서 살았다.

广 : 집 엄

집(尸) 중에서

尸 : 주검/집 시

크고 **높은(高)** 집에는

高 : 높을 고

양쪽으로 열리는 **문(門)**을 달았고,

門 : 문 문

작은 집에는 **지게문(戶)**을 달았다.

戶 : 집 호

● 이야기 구슬 꿰기

1 부수카드 [3-3]을 각각 해당 그림 위에 올려 놓고 닮은 점을 찾으세요.
2 책을 덮고 이야기 순서대로 카드를 배열하세요. 다음에는 카드 순서대로 이야기를 말해 보세요.
3 순서에 따라 리듬감 있게 큰 소리로 카드를 읽어 보세요.

● 유래와 쓰임 익히기

| 집 면 | 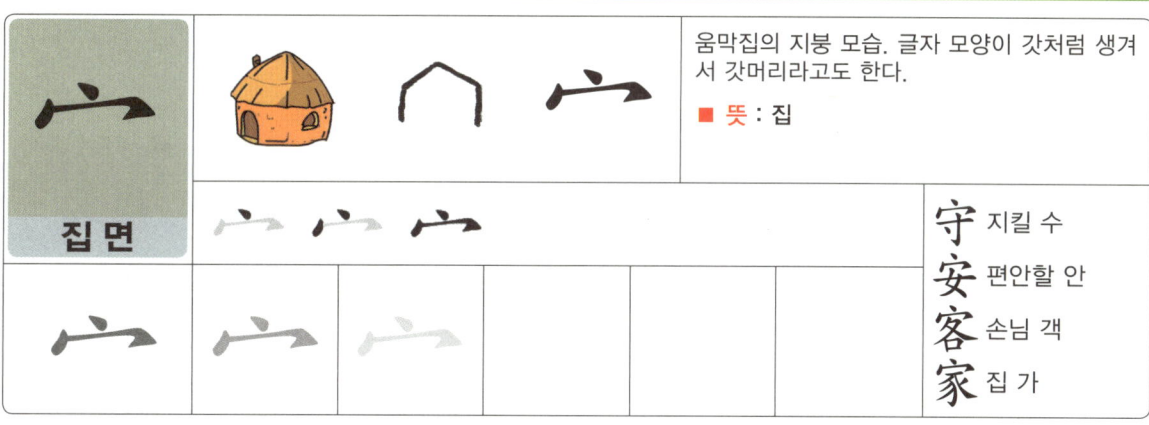 움막집의 지붕 모습. 글자 모양이 갓처럼 생겨서 갓머리라고도 한다.
■ 뜻 : 집 | 守 지킬 수
安 편안할 안
客 손님 객
家 집 가 |

| 구멍 혈 | 동굴 집의 모습
■ 뜻 : 동굴, 구멍 | 空 빌 공
究 궁구할 구
窓 창문 창
突 갑자기 돌 |

| 집 엄 | 언덕이나 한쪽 벽에 붙여서 지은 집의 모습
■ 뜻 : 집 | 店 가게 점
序 차례 서
床 평상 상
底 밑 저 |

| 주검/집 시 | 사람이 사는 집의 모양, 또는 사람이 누워 있거나 엉거주춤 앉아 있는 모습
■ 뜻 : 집, 사람 | 屋 집 옥
屍 주검 시
尾 꼬리 미
屈 굽힐 굴 |

제3장 생활과 관련한 부수한자

● 유래와 쓰임 익히기

高 높을 고 — 높이 지은 누각이나 성문의 모습
■ 뜻 : 높은 건물

발음부호로 사용
膏 기름 고(月)
稿 원고 고(禾)

門 문 문 — 문짝이 두 개인 문의 모양
■ 뜻 : 문

開 열 개
閉 닫을 폐
閑 한가할 한
間 사이 간

戶 집 호 — 문짝이 하나인 지게문의 모양
■ 뜻 : 집, 방

房 방 방
所 바 소
啓 열 계(口)
肩 어깨 견(月)

확인학습

1. 다음 ( )에 알맞은 부수를 보기에서 찾아 아래 표에 쓰세요.

원시시대부터 사람들은 움막으로 **집**(㉮)을 짓거나

바위에 **구멍**(㉯)을 뚫고 살거나,

한쪽 벽을 언덕에 붙여서 지은 **집**(㉰)에서 살았다.

집(㉱) 중에서 크고 **높은**(㉲) 집에는

양쪽으로 열리는 **문**(㉳)을 달았고,

작은 집에는 **지게문**(㉴)을 달았다.

보기	宀 高 广 門 尸 戶 穴

㉮	㉯	㉰	㉱

㉲	㉳	㉴

· 같은 뜻의 부수가 두 개 이상일 때, 본문과 순서가 달라도 부수의 뜻과 맞으면 정답입니다.

2. 다음 큰 ( )에 부수의 이름을 쓰세요. 작은 ( )에는 변형부수가 있는 것은 변형부수를, 변형부수인 것은 원래 부수를 쓰세요.

宀 ( )( )　　　广 ( )( )

穴 ( )( )　　　門 ( )( )

高 ( )( )　　　戶 ( )( )

尸 ( )( )

3-4 | 곡식

禾白米 / 麥黍齊香   화백미 / 맥서제향

● 이야기 카드로 연상하기

벼(禾)는 우리나라에서 가장 많이 심는 농작물이다.

禾: 벼 화

그러나 요즘은 웰빙을 위해 흰(白) 음식을 꺼리고

白: 흰 백

쌀(米)만 먹기 보다는

米: 쌀 미

보리(麥)나

麥: 보리 맥

기장(黍)과 같은 잡곡을 넣은 밥이 인기이다.

黍: 기장 서

가을에 곡식들이 가지런히(齊) 서있는 들판을 걸으면

齊: 가지런할 제

구수한 잡곡밥 향기(香)가 나는 것 같다.

香: 향기 향

● 이야기 구슬 꿰기

1 부수카드 [3-4]를 각각 해당 그림 위에 올려 놓고 닮은 점을 찾으세요.
2 책을 덮고 이야기 순서대로 카드를 배열하세요. 다음에는 카드 순서대로 이야기를 말해 보세요.
3 순서에 따라 리듬감 있게 큰 소리로 카드를 읽어 보세요.

유래와 쓰임 익히기

禾 벼 화 — 이삭이 달려 있는 벼 모양. 곡식과 관계 있는 글자에 많이 들어간다.
- 뜻: 벼, 곡식

私 사사로울 사
種 씨/심을 종
穀 곡식 곡
稅 세금 세

白 흰 백 — 흰 쌀알의 모습
- 뜻: 희다, 말하다

百 일백 백
的 과녁 적
皇 임금 황
皆 다 개

米 쌀 미 — 이삭에 쌀알들이 달려 있는 모습
- 뜻: 쌀, 곡식

粉 가루 분
粧 단장할 장
精 정기 정
糧 양식 량

麥 보리 맥 — 뿌리(夂)와 이삭과 줄기가 달린(來) 보리의 모습
- 뜻: 보리, 밀

麵 밀가루 면

● 유래와 쓰임 익히기

기장 서 (黍): 벼 화(禾), 물 수(水)가 합쳐진 글자로, 벼의 한 종류인 기장을 뜻한다.
- 뜻: 기장쌀, 곡식
- 黎 검을 려

가지런할 제 (齊): 가지런히 서 있는 곡식의 모습
- 뜻: 가지런하다, 모두
- 齋 재계할 재
- 濟 건널 제(氵)

향기 향 (香): 쌀밥(禾:벼 화)을 지으면 구수한 향기로 입에서 혀를 빼어 무는 모습(日)
- 뜻: 향기, 좋다
- 馨 향기 형

확인학습

1. 다음 ( )에 알맞은 부수를 보기에서 찾아 아래 표에 쓰세요.

   벼(㉮)는 우리나라에서 가장 많이 심는 농작물이다.
   그러나 요즘은 웰빙을 위해 흰(㉯) 음식을 꺼리고
   쌀(㉰)만 먹기보다는 보리(㉱)나
   기장(㉲)과 같은 잡곡을 넣은 밥이 인기이다.
   가을에 곡식들이 가지런히(㉳) 서 있는 들판을 걸으면
   구수한 잡곡밥 향기(㉴)가 나는 것 같다.

보기	禾 米 黍 白 香 齊 麥

㉮	㉯	㉰	㉱
㉲	㉳	㉴	

   · 같은 뜻의 부수가 두 개 이상일 때, 본문과 순서가 달라도 부수의 뜻과 맞으면 정답입니다.

2. 다음 큰 ( )에 부수의 이름을 쓰세요. 작은 ( )에는 변형부수가 있는 것은 변형부수를, 변형부수인 것은 원래 부수를 쓰세요.

   麥(　)(　)　　米(　)(　)
   黍(　)(　)　　白(　)(　)
   禾(　)(　)　　齊(　)(　)
   香(　)(　)

3-5 | 도구

工 力 刀 耒 / 士 ㅣ 斤   공력도뢰 / 사곤근

● 이야기 카드로 연상하기

어떤 고을에 무엇이나 잘 만드는 **장인(工)**이 있었는데,

工: 장인 공

자신의 **힘(力)**을 다 기울여서

力: 힘 력

사람들에게 필요한 **칼(刀)**이나

刀: 칼 도

쟁기(耒) 같은 농기구를 만들어 주었다.

耒: 쟁기 뢰

어느 날 낡은 도끼를 든 어떤 **선비(士)**가 찾아와

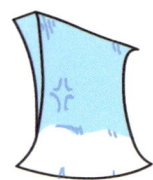

士: 선비 사

무슨 나무든 단번에 **뚫을(ㅣ)** 수 있는

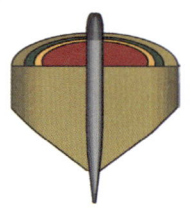

ㅣ: 뚫을 곤

새로운 **도끼(斤)**를 만들어 달라고 주문했다.

斤: 도끼 근

● 이야기 구슬 꿰기

1 부수카드 [3-5]를 각각 해당 그림 위에 올려 놓고 닮은 점을 찾으세요.
2 책을 덮고 이야기 순서대로 카드를 배열하세요. 다음에는 카드 순서대로 이야기를 말해 보세요.
3 순서에 따라 리듬감 있게 큰 소리로 카드를 읽어 보세요.

● 유래와 쓰임 익히기

工 (장인 공)

장인이 사용하는 흙손 모양으로, '만든다'는 뜻을 가진다.
- 뜻 : 만들다, 도구

功 공 공
巧 공교할 교
左 왼 좌
差 다를 차

力 (힘 력)

땅을 파는 쟁기의 모습
- 뜻 : 힘, 일

劣 못할 렬
助 도울 조
努 힘쓸 노
勞 수고로울 로

刀 (칼 도)

칼의 모양. 다른 글자 속에서는 주로 '刂(칼도 방)' 형태로 쓰인다.
- 뜻 : 칼

分 나눌 분
別 다를/나눌 별
利 이로울 리
刻 새길 각

耒 (쟁기 뢰)

밭을 가는 쟁기의 모양
- 뜻 : 쟁기

耕 밭 갈 경
耗 소모할 모

유래와 쓰임 익히기

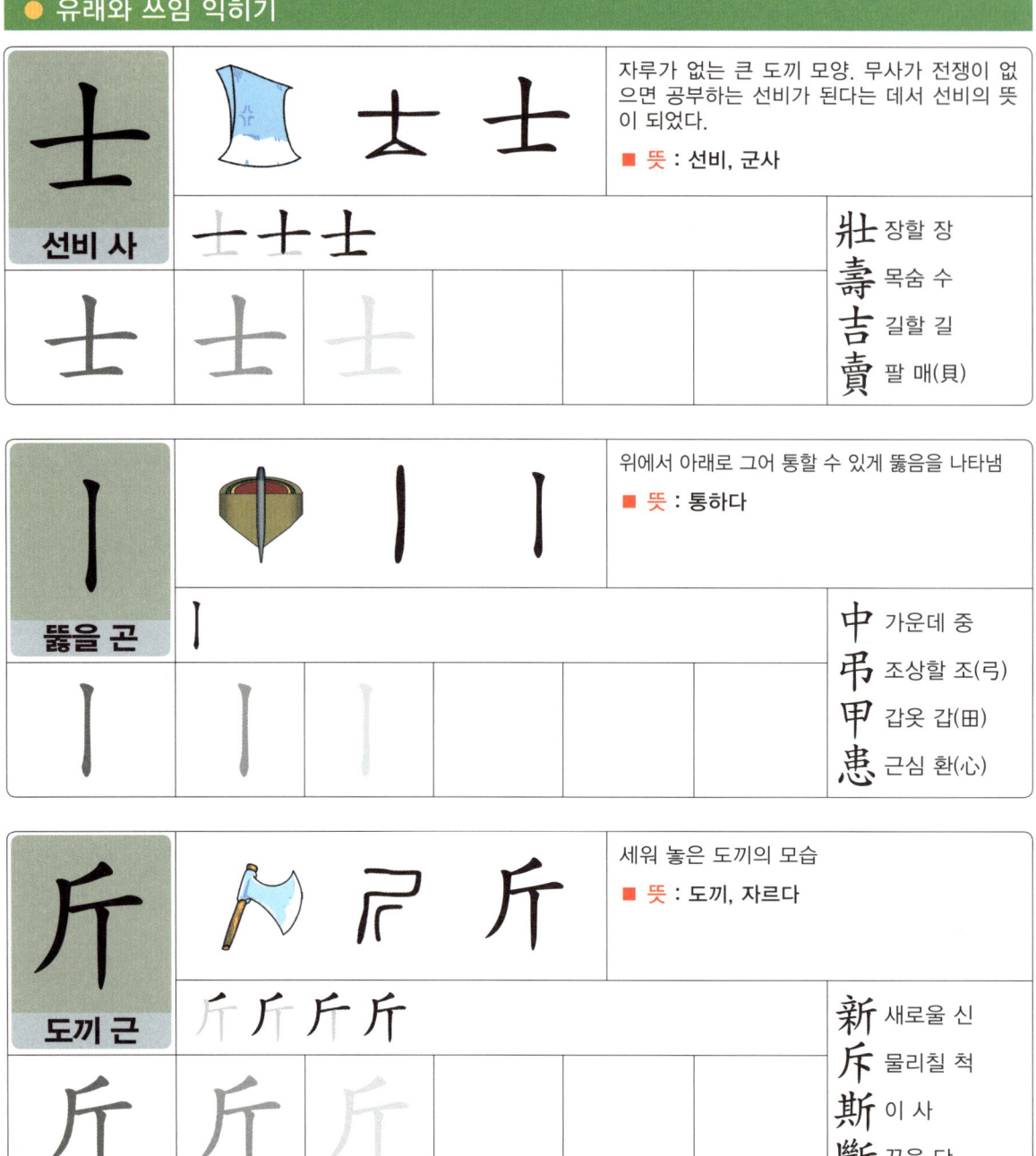

확인학습

1. 다음 ( )에 알맞은 부수를 보기에서 찾아 아래 표에 쓰세요.

    어떤 고을에 무엇이나 잘 만드는 **장인**(㉮)이 있었는데,

    자신의 **힘**(㉯)을 다 기울여서

    사람들에게 필요한 **칼**(㉰)이나

    쟁기(㉱) 같은 농기구를 만들어 주었다.

    어느 날 낡은 도끼를 든 어떤 **선비**(㉲)가 찾아와

    무슨 나무든 단번에 **뚫을**(㉳) 수 있는

    새로운 **도끼**(㉴)를 만들어 달라고 주문했다

보기	工 力 刀 耒 士 丨 斤

㉮	㉯	㉰	㉱
㉲	㉳	㉴	

    · 같은 뜻의 부수가 두 개 이상일 때, 본문과 순서가 달라도 부수의 뜻과 맞으면 정답입니다.

2. 다음 큰 ( )에 부수의 이름을 쓰세요. 작은 ( )에는 변형부수가 있는 것은 변형부수를, 변형부수인 것은 원래 부수를 쓰세요.

    士 (   )(   )   斤 (   )(   )

    丨 (   )(   )   耒 (   )(   )

    力 (   )(   )   刀 (   )(   )

    工 (   )(   )   刂 (   )(   )

3-6 | 그릇

皿 缶 鬲 鼎 / 匚 匸 凵   명부력정 / 혜방감

● 이야기 카드로 연상하기

옛날 사람들이 사용했던 **그릇(皿)**을 재료에 따라 분류하면

皿: 그릇 명

진흙을 구워 만든 **항아리(缶)**나

缶: 항아리 부

솥(鬲)이 있고

鬲: 솥 력/막을 격

청동을 녹여 만든 **솥(鼎)**도 있었다.

鼎: 솥 정

용도에 따라 나누면, 물건을 담아 **감추어(匸)** 놓는

匸: 감출 혜

상자(匚)도 있고,
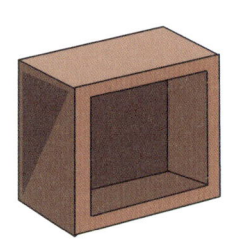
匚: 상자 방

입 벌린(凵) 것처럼 속이 들여다 보이는 그릇도 있다.

凵: 입벌릴 감

● 이야기 구슬 꿰기

1 부수카드 [3-6]을 각각 해당 그림 위에 올려 놓고 닮은 점을 찾으세요.
2 책을 덮고 이야기 순서대로 카드를 배열하세요. 다음에는 카드 순서대로 이야기를 말해 보세요.
3 순서에 따라 리듬감 있게 큰 소리로 카드를 읽어 보세요.

● 유래와 쓰임 익히기

| 皿
그릇 명 | 위가 넓고 받침이 있는 그릇을 옆에서 본 모양
■ 뜻 : 그릇 | 盃 잔 배
盟 맹세 맹
益 더할 익
盛 성할 성 |

| 缶
항아리 부 | 술이나 장을 담는 배가 불룩하고 아가리가 있는 질그릇의 모습
■ 뜻 : 항아리, 도자기 | 缸 항아리 항
缺 이지러질 결
寶 보배 보(宀) |

| 鬲
솥 력/막을 격 | 다리가 세 개 달린 솥의 모양(주로 흙으로 만든 것). 주로 발음 역할을 한다.
■ 뜻 : 솥, 막다 | 隔 막힐 격(阜)
融 녹을 융(虫)
膈 흉격 격(月) |

| 鼎
솥 정 | 발이 세 개 달린 솥(주로 청동으로 만든 것)
■ 뜻 : 솥, 그릇 |

● 유래와 쓰임 익히기

감출 혜	ㄷ	'ㄴ'모양에 물건을 놓고 위를 'ㅡ'로 덮어 가린 모양. ■ 뜻 : 덮다, 숨다
	ㄷ ㄷ	區 구분할 구 匹 짝 필 匿 숨길 닉

상자 방	ㄷ	네모진 상자를 옆으로 본 모양 ■ 뜻 : 그릇, 상자
	ㄷ ㄷ	匠 장인 장 匣 갑 갑 匱 상자 궤

입 벌릴 감	ㄴ	위가 터져있는 그릇이나 함정의 모습 ■ 뜻 : 그릇, 위가 터짐
	ㄴ ㄴ	出 날 출 凶 흉할 흉 幽 그윽할 유(幺)

확인학습

1. 다음 ( )에 알맞은 부수를 보기에서 찾아 아래 표에 쓰세요.

옛날 사람들이 사용했던 **그릇**(　㉮　)을 재료에 따라 나누면,
진흙을 구워 만든 **항아리**(　㉯　)나 **솥**(　㉰　)이 있고,
청동을 녹여 만든 **솥**(　㉱　)도 있었다.
용도에 따라 나누면,
물건을 담아 **감추어**(　㉲　) 놓는 **상자**(　㉳　)도 있고,
입 벌린(　㉴　) 것처럼 속이 들여다 보이는 것도 있었다.

보기	皿 鬲 匚 鼎 匸 缶 凵

㉮	㉯	㉰	㉱
㉲	㉳	㉴	

· 같은 뜻의 부수가 두 개 이상일 때, 본문과 순서가 달라도 부수의 뜻과 맞으면 정답입니다.

2. 다음 큰 ( )에 부수의 이름을 쓰세요. 작은 ( )에는 변형부수가 있는 것은 변형부수를, 변형부수인 것은 원래 부수를 쓰세요.

鬲(　　)(　) 　　缶(　　)(　)

匚(　　)(　) 　　鼎(　　)(　)

匸(　　)(　) 　　皿(　　)(　)

凵(　　)(　)

3-7 | 주거생활

瓦 片 爿 几 / 聿 龠 网   와편장궤 / 율약망

● 이야기 카드로 연상하기

생활이 발달하면서 사람들은 보다 고급스러운 문화를 누리게 되었다.

부유한 사람들은 초가 대신 **기와(瓦)**집을 지었는데

瓦: 기와 와

여러장의 기와 **조각(片)**을 연결시켜 호화롭게 꾸몄고,

片: 조각 편

나무조각(爿)을 짜맞춘

爿: 나무조각 장

책상(几) 위에서

几: 안석 궤

붓(聿)으로 글을 썼다.

聿: 붓 율

글을 읽다 지루하면 한가롭게 **피리(龠)**를 불기도 하고,

龠: 피리 약

냇가에 나가 낚시나 **그물(网)**로 고기를 잡았다.

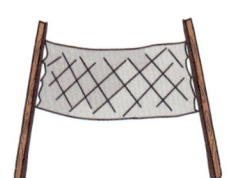

网: 그물 망

● 이야기 구슬 꿰기

1 부수카드 [3-7]을 각각 해당 그림 위에 올려 놓고 닮은 점을 찾으세요.
2 책을 덮고 이야기 순서대로 카드를 배열하세요. 다음에는 카드 순서대로 이야기를 말해 보세요.
3 순서에 따라 리듬감 있게 큰 소리로 카드를 읽어 보세요.

● 유래와 쓰임 익히기

| 瓦 기와 와 | 지붕 위에 포개져 있는 기와의 모양
■ 뜻 : 기와, 벽돌, 질그릇 | 瓮 독 옹
瓶 병 병
瓷 사기그릇 자 |

| 片 조각 편 | 통나무를 두 쪽으로 쪼갠 오른 쪽 모양
■ 뜻 : 판목, 조각 | 版 판목 판 |

| 爿 나무조각 장 | 통나무를 두 쪽으로 쪼갠 왼쪽 모양, 또는 장 자는 침상 모양을 세로로 나타낸 것
■ 뜻 : 나무침대, 마루, 조각 | 牀 평상 상
將 장수 장(寸)
壯 장할 장(士)
寢 잘 침(宀) |

| 几 안석 궤 | 몸을 기대는 방석인 안석의 모양. '책상'이란 뜻
■ 뜻 : 책상 | 飢 주릴 기(食)
凡 무릇 범
凳 걸상 등 |

제3장 생활과 관련한 부수한자 | 117

● 유래와 쓰임 익히기

확인학습

1. 다음 ( )에 알맞은 부수를 보기에서 찾아 아래 표에 쓰세요.

    생활이 발달하면서 사람들은 보다 고급스러운 문화를 누리게 되었다.
    부유한 사람들은 초가 대신 **기와**(㉮) 집을 지었는데
    여러 장의 기와 **조각**(㉯)을 연결하여 호화롭게 꾸몄고,
    나무조각(㉰)을 짜맞춘 **책상**(㉱) 위에서
    붓(㉲)으로 글을 썼다.
    글을 읽다 지루하면 한가롭게 **피리**(㉳)를 불기도 하고,
    냇가에 나가 낚시나 **그물**(㉴)로 고기를 잡았다.

    | 보기 | 肀 瓦 龠 几 片 网 聿 |

㉮	㉯	㉰	㉱
㉲	㉳	㉴	㉵

    · 같은 뜻의 부수가 두 개 이상일 때, 본문과 순서가 달라도 부수의 뜻과 맞으면 정답입니다.

2. 다음 큰 ( )에 부수의 이름을 쓰세요. 작은 ( )에는 변형부수가 있는 것은 변형부수를, 변형부수인 것은 원래 부수를 쓰세요.

    肀 ( )( )　　　　聿 ( )( )

    聿 ( )( )　　　　龠 ( )( )

    网 ( )( )　　　　瓦 ( )( )

    片 ( )( )　　　　几 ( )( )

    罒 ( )( )

3-8 | 운송

行 彳 辵 辶 / 車 舟 冂   행척착인 / 차주경

● 이야기 카드로 연상하기

사거리(行)는 늘

行: 다닐 행

읍내에 **다니는(行)** 사람들로 붐빈다.

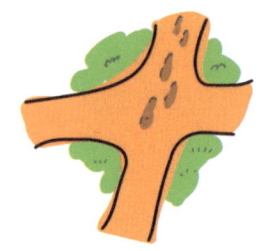

行: 다닐 행

봇짐을 진 사람들이 **걸어가고(彳)**,

彳: 걸을 척

짐을 실은 가축들도 **쉬엄쉬엄 걸어간다(辵)**.

辵: 갈 착

지쳤는지 다리를 **끌면서 가는(辶)** 노새도 있고

辶: 걸을 인

수레(車)를 끌고 빨리 달리는 말도 있다.

車: 수레 차/거

배(舟)를 타고

舟: 배 주

먼(冂) 지방에서 오는 사람들도 있다.

冂: 멀 경

● 이야기 구슬 꿰기

1 부수카드 [3-8]을 각각 해당 그림 위에 올려 놓고 닮은 점을 찾으세요.
2 책을 덮고 이야기 순서대로 카드를 배열하세요. 다음에는 카드 순서대로 이야기를 말해 보세요.
3 순서에 따라 리듬감 있게 큰 소리로 카드를 읽어 보세요.

● 유래와 쓰임 익히기

行 (다닐 행)

네 개의 길이 만나는 사거리를 본뜬 글자. 수레가 다니는 넓은 길과 관련된 글자에 들어간다.
- 뜻 : 사거리, 다니다

行行行行行行

街 거리 가
術 재주 술
衝 찌를 충
衛 지킬 위

彳 (걸을 척)

행(行)자의 왼쪽 절반으로 사거리의 모습. 사람 인(亻)자가 겹쳐진 모양이라 하여 '두인 변'이라고도 부르며 '걷다, 이동하다'의 뜻을 가진다.
- 뜻 : 걷다, 다니다

彳彳彳

往 갈 왕
待 기다릴 대
後 뒤 후
征 칠 정

辵 (갈 착)

길을 의미하는 걸을 척(彳)자와 발을 의미하는 그칠 지(止)자가 합쳐진 글자로, '가다'의 뜻으로 많이 쓰인다.
- 뜻 : 가다

辵辵辵辵辵辵辵   辶辶辶辶

進 나아갈 진
迎 맞이할 영
返 돌아올 반
速 빠를 속

廴 (걸을 인)

걸을 척(彳)의 변형으로 사람이 성큼성큼 걷는 모양
- 뜻 : 걷다

廴廴廴

建 세울 건
廷 조정 정
延 끌 연

● 유래와 쓰임 익히기

車 수레 차/거 — 수레를 위에서 본 모습. '日'은 몸체, 위아래 'ㅡ'은 바퀴, 중앙의 'ㅣ'는 바퀴 축을 나타낸다.
■ 뜻 : 수레, 군사

軍 군사 군
軟 연할 연
運 옮길 운(辶)
較 견줄 교

舟 배 주 — 사각형 모양의 중국 배 모양
■ 뜻 : 배

船 배 선
航 배 항
般 일반 반

冂 멀 경 — 세로 두 줄은 길을, 가로 한 줄은 길의 끝을 표시하여 '멀다'는 뜻을 나타낸다.
■ 뜻 : 멀다

再 두 재
冊 책 책
冒 무릅쓸 모

1. 다음 ( )에 알맞은 부수를 보기에서 찾아 아래 표에 쓰세요.

    사거리(㉮)는 늘 읍내에 다니는(㉯) 사람들로 붐빈다.
    봇짐을 진 사람들이 걸어가고(㉰),
    짐을 실은 가축들도 쉬엄쉬엄 걸어간다(㉱).
    지쳤는지 다리를 끌면서 가는(㉲) 노새도 있고,
    수레(㉳)를 끌고 빨리 달리는 말도 있다.
    배(㉴)를 타고 아주 먼(㉵) 지방에서 오는 사람들도 있다.

    | 보기 | 辵 舟 車 彳 廴 行 冂 |

㉮	㉯	㉰	㉱
㉲	㉳	㉴	㉵

    · 같은 뜻의 부수가 두 개 이상일 때, 본문과 순서가 달라도 부수의 뜻과 맞으면 정답입니다.

2. 다음 큰 ( )에 부수의 이름을 쓰세요. 작은 ( )에는 변형부수가 있는 것은 변형부수를, 변형부수인 것은 원래 부수를 쓰세요.

    辶 (　　)(　)　　行 (　　)(　)
    車 (　　)(　)　　彳 (　　)(　)
    辵 (　　)(　)　　廴 (　　)(　)
    舟 (　　)(　)　　冂 (　　)(　)

3-9 | 나라

口 邑 里 / 田 鹵 方 鼓   국읍리 / 전로방고

● 이야기 카드로 연상하기

성벽으로 에워싸인(口)
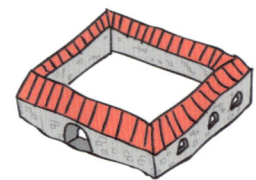
口: 에울위/나라국

한 나라(口) 안에는
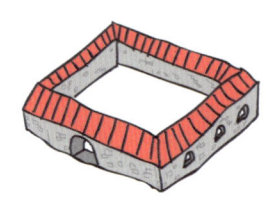
口: 에울위/나라국

여러 고을(邑)이 있고

邑: 고을 읍

고을 안에는 또 여러 마을(里)이 있다.

里: 마을 리

마을 사람들은 밭(田)에서 농사를 짓거나

田: 밭 전

염전(鹵)에서 소금(鹵)을 채취하며 살았다.

鹵: 소금 로

성벽 모서리(方)마다 깃발(方)을 꽂아 국경을 알리고,

方: 모 방

북(鼓)을 울려 적의 침입을 알렸다.

鼓: 북 고

● 이야기 구슬 꿰기

1 부수카드 [3-9]를 각각 해당 그림 위에 올려 놓고 닮은 점을 찾으세요.
2 책을 덮고 이야기 순서대로 카드를 배열하세요. 다음에는 카드 순서대로 이야기를 말해 보세요.
3 순서에 따라 리듬감 있게 큰 소리로 카드를 읽어 보세요.

● 유래와 쓰임 익히기

제3장 생활과 관련한 부수한자 | 125

● 유래와 쓰임 익히기

卤 소금 로	돌소금의 모양 ■ 뜻 : 소금, 짜다
卤卤卤卤卤卤卤卤卤	鹽 소금 염

方 모 방	손잡이가 달린 쟁기의 모습이나 깃발의 모습. 다른 글자의 왼쪽에 오면 깃발을 뜻하고, 그 외에는 소리로 쓰인다. ■ 뜻 : 방향, 모서리, 깃발
方方方方	旗 기 기 施 베풀 시 旅 나그네 려 族 겨레 족

鼓 북 고	손(又)에 북채(十)를 잡고 북(壴)을 두드리는 모습 ■ 뜻 : 북
鼓鼓鼓鼓鼓鼓鼓鼓鼓鼓鼓	

확인학습

1. 다음 ( )에 알맞은 부수를 보기에서 찾아 아래 표에 쓰세요.

성벽으로 **에워싸인**(㉮) 한 **나라**(㉯) 안에는

여러 **고을**(㉰)이 있고,

고을 안에는 또 여러 **마을**(㉱)이 있다.

마을 사람들은 **밭**(㉲)에서 농사를 짓거나

염전(㉳)에서 **소금**(㉴)을 채취하며 살았다.

성벽 **모서리**(㉵) 마다 **깃발**(㉶)을 꽂아 국경을 알리고,

북(㉷)을 울려 적의 침입을 알렸다.

보기	口 邑 里 田 鹵 方 鼓

㉮㉯		㉰		㉱		㉲	
㉳㉴		㉵		㉶		㉷	

· 같은 뜻의 부수가 두 개 이상일 때, 본문과 순서가 달라도 부수의 뜻과 맞으면 정답입니다.

2. 다음 큰 ( )에 부수의 이름을 쓰세요. 작은 ( )에는 변형부수가 있는 것은 변형부수를, 변형부수인 것은 원래 부수를 쓰세요.

鼓 ( )( ) 鹵 ( )( )

田 ( )( ) 里 ( )( )

阝( )( ) 口 ( )( )

方 ( )( ) 邑 ( )( )

3-10 | 무기

矛 干 亅 戈 / 弓 矢 弋 至 모간궐과 / 궁시익지

● 이야기 카드로 연상하기

나라 간의 전쟁이 잦아지면서 무기가 발달하였는데 **창(矛)**과

矛 : 창 모

방패(干)는 동서양에서 모두 대표적인 무기였다.

干 : 방패 간

가까운 적은 끝에 **갈고리(亅)**가 붙어있는

亅 : 갈고리 궐

창(戈)으로 찔렀고,

戈 : 창 과

멀리 있는 적은 **활(弓)**과

弓 : 활 궁

화살(矢)로 공격했다.

矢 : 화살 시

화살 끝에 줄이 달린 **주살(弋)**을 쓰면

弋 : 주살 익

화살이 목적지에 **이르러도(至)** 다시 주워와서 쓸 수 있었다.

至 : 이를 지

● 이야기 구슬 꿰기

1 부수카드 [3-10]을 각각 해당 그림 위에 올려 놓고 닮은 점을 찾으세요.
2 책을 덮고 이야기 순서대로 카드를 배열하세요. 다음에는 카드 순서대로 이야기를 말해 보세요.
3 순서에 따라 리듬감 있게 큰 소리로 카드를 읽어 보세요.

유래와 쓰임 익히기

| 矛 창 모 | 짜르는 창의 모양
■ 뜻 : 창, 무기 | 柔 부드러울 유(木)
務 힘쓸 무(力) |

| 干 방패 간 | Y자 모양의 방패 모습
■ 뜻 : 막음, 전쟁 | 刊 새길 간(刂)
汗 땀 한(氵)
平 평평할 평 |

| 亅 갈고리 궐 | 물건을 매다는 갈고리 모양
■ 뜻 : 갈고리, 꿰다 | 事 일 사
爭 다툴 쟁(爪)
了 마칠 료 |

| 戈 창 과 | 막대기 끝에 낫이나 갈고리가 붙어 있는 창의 모습
■ 뜻 : 창, 무기 | 戌 개 술
我 나 아
戒 경계할 계
戰 싸움 전 |

제3장 생활과 관련한 부수한자

● 유래와 쓰임 익히기

| 弓 활 궁 | 활을 세워 놓은 모습 ■ 뜻 : 활, 무기 | 引 끌 인
弔 조상할 조
弱 약할 약
强 강할 강 |

| 矢 화살 시 | 화살 모양. 위쪽이 화살머리이고, 아래쪽이 화살 뒤에 깃털이 붙는 부분이다. ■ 뜻 : 화살 | 知 알 지
短 짧을 단
矯 바로잡을 교 |

| 弋 주살 익 | 줄이 달린 화살(주살) 또는 말뚝 모양 ■ 뜻 : 사냥, 말뚝 | 式 법 식
代 대신할 대(亻) |

| 至 이를 지 | 땅(土) 위에 화살(矢:화살 시)이 거꾸로 박힌 모습. 화살이 날아와서 땅 위에 이른다는 데서 '이르다'의 뜻이 되었다. ■ 뜻 : 도달하다, 지극하다 | 致 이를 치
到 이를 도(刂)
室 집 실(宀)
臺 대 대 |

확인학습

1. 다음 ( )에 알맞은 부수를 보기에서 찾아 아래 표에 쓰세요.

   나라 간의 전쟁이 잦아지면서 무기가 발달하였는데
   창(창 모: ㉮   )과 **방패**(㉯   )는 동서양에서 모두 대표적인 무기였다.
   가까운 적은 끝에 **갈고리**(㉰   )가 붙어있는
   창(창 과: ㉱   )으로 찔렀고,
   멀리 있는 적은 **활**(㉲   )과 **화살**(㉳   )로 공격했다.
   화살 끝에 줄이 달린 **주살**(㉴   )을 쓰면,
   화살이 목적지에 **이르러도**(㉵   ) 다시 주워와서 쓸 수 있었다.

보기	戈 弋 弓 矛 矢 干 至 亅

㉮	㉯	㉰	㉱
㉲	㉳	㉴	㉵

   · 같은 뜻의 부수가 두 개 이상일 때, 본문과 순서가 달라도 부수의 뜻과 맞으면 정답입니다.

2. 다음 큰 ( )에 부수의 이름을 쓰세요. 작은 ( )에는 변형부수가 있는 것은 변형부수를, 변형부수인 것은 원래 부수를 쓰세요.

   戈 (   )(   )   亅 (   )(   )
   矢 (   )(   )   弓 (   )(   )
   至 (   )(   )   弋 (   )(   )
   干 (   )(   )   矛 (   )(   )

3-11 | 색깔

黑 文 辛 赤 / 靑 黃 玄   흑문신적 / 청황현

● 이야기 카드로 연상하기

검은(黑)색은

黑 : 검을 흑

사람의 신체에 글(文)을 새기는

文 : 글월 문

고통스러운(辛) 형벌에서 나왔고,

辛 : 매울 신

붉은(赤) 색은 큰 불이 나서

赤 : 붉을 적

온 땅이 붉게(赤) 보이는 모습에서 나왔다.

赤 : 붉을 적

불은 푸른(靑) 산도

靑 : 푸를 청

누런(黃) 들판도

黃 : 누를 황

다 검게(玄) 태워버린다.

玄 : 검을 현

● 이야기 구슬 꿰기

1 부수카드 [3-11]를 각각 해당 그림 위에 올려 놓고 닮은 점을 찾으세요.
2 책을 덮고 이야기 순서대로 카드를 배열하세요. 다음에는 카드 순서대로 이야기를 말해 보세요.
3 순서에 따라 리듬감 있게 큰 소리로 카드를 읽어 보세요.

유래와 쓰임 익히기

검을 흑	먹으로 얼굴에 문신을 새긴 사람의 모습. 먹으로 문신한 모습은 검다는 뜻이다. ■ 뜻 : 검다
黑 黑 黑 黑 黑 黑 黑 黑 黑 黑 黑 黑	默 잠잠할 묵 墨 먹 묵(土) 點 점 점 黨 무리 당

글월 문	몸에 문신을 새긴 사람을 본떠 만든 글자 ■ 뜻 : 무늬, 문자
文 文 文 文	紋 무늬 문(糸) 蚊 모기 문(虫) 斑 얼룩 반

매울 신	얼굴에 문신을 새기는데 사용하던 침의 모습. 침으로 상처를 내면 몹시 맵듯이 힘들다는 뜻이다. ■ 뜻 : 형벌, 죄인, 고생하다
辛 辛 辛 辛 辛 辛 辛	辯 말씀 변 辭 말씀 사 宰 재상 재(宀) 辣 매울 랄

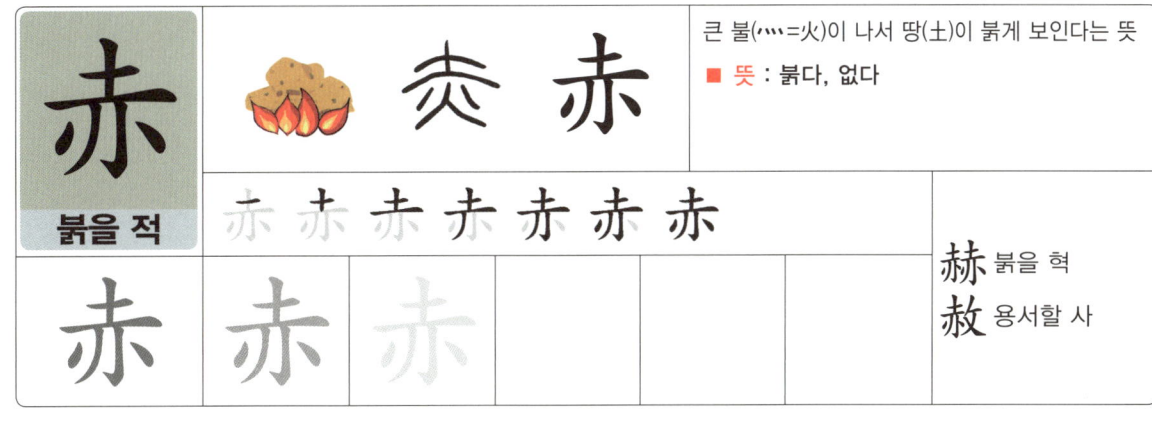

붉을 적	큰 불(灬=火)이 나서 땅(土)이 붉게 보인다는 뜻 ■ 뜻 : 붉다, 없다
赤 赤 赤 赤 赤 赤 赤	赫 붉을 혁 赦 용서할 사

● 유래와 쓰임 익히기

靑 (푸를 청)

초목이 싹틀 때(生)는 붉으나(丹), 자라면서 '푸르게' 된다는 뜻
- 뜻 : 푸르다

情 뜻 정(忄)
淸 맑을 청(氵)
晴 갤 청(日)
靜 고요할 정

黃 (누를 황)

옛 중국 귀족들이 허리에 차던 누런색의 옥 장신구 모습. 주로 발음으로 쓰인다.
- 뜻 : 노랑색, 귀함

廣 넓을 광(广)
鑛 광물 광(金)
擴 넓힐 확(扌)
橫 가로 횡(木)

玄 (검을 현)

실 사(糸)자를 거꾸로 뒤집어 놓은 모습으로 '검다, 묘하다'는 뜻
- 뜻 : 검다, 높다

玆 이/검을 자
率 거느릴 솔/비율 률

확인학습

1. 다음 ( )에 알맞은 부수를 보기에서 찾아 아래 표에 쓰세요.

   검은(㉮) 색은
   사람의 신체에 **글**(㉯)을 새기는
   고통스러운(㉰) 형벌에서 나왔고,
   붉은(㉱) 색은 큰 불이 나서
   온 땅이 **붉게**(㉲) 보이는 모습에서 나왔다.
   불은 **푸른**(㉳) 산도 **누런**(㉴) 들판도
   다 **검게**(㉵) 태워버린다.

보기	青 文 赤 辛 黃 黑 玄

㉮	㉯	㉰	㉱

㉲	㉳	㉴	㉵

   · 같은 뜻의 부수가 두 개 이상일 때, 본문과 순서가 달라도 부수의 뜻과 맞으면 정답입니다.

2. 다음 큰 ( )에 부수의 이름을 쓰세요. 작은 ( )에는 변형부수가 있는 것은 변형부수를, 변형부수인 것은 원래 부수를 쓰세요.

   黑(   )(   )   黃(   )(   )
   玄(   )(   )   赤(   )(   )
   辛(   )(   )   文(   )(   )
   青(   )(   )

3-12 | 제사

示 鬼 卜 爻 / 血 豆 无   시귀복효 / 혈두무

● 이야기 카드로 연상하기

어떤 왕이 **제사(示)**를 드릴 때

示: 보일 시/귀신 기

흉칙한 **귀신(鬼)**이 나타난 후 병들어 눕게 되었다.

鬼: 귀신 귀

점(卜)을 쳐서

卜: 점 복

점괘(爻)를 보니

爻: 점괘 효

용의 **피(血)**를 구해서

血: 피 혈

제기(豆)에 담아 다시 제사하면 낫는다고 했다.

豆: 콩/제기 두

신하들이 용혈을 찾아 헤매다 빈 손으로 돌아왔을 때 왕은 **이미(旡)**

旡: 이미 기

죽고 **없었다(无)**.

无: 없을 무

● 이야기 구슬 꿰기

1 부수카드 [3-12]를 각각 해당 그림 위에 올려 놓고 닮은 점을 찾으세요.
2 책을 덮고 이야기 순서대로 카드를 배열하세요. 다음에는 카드 순서대로 이야기를 말해 보세요.
3 순서에 따라 리듬감 있게 큰 소리로 카드를 읽어 보세요.

● 유래와 쓰임 익히기

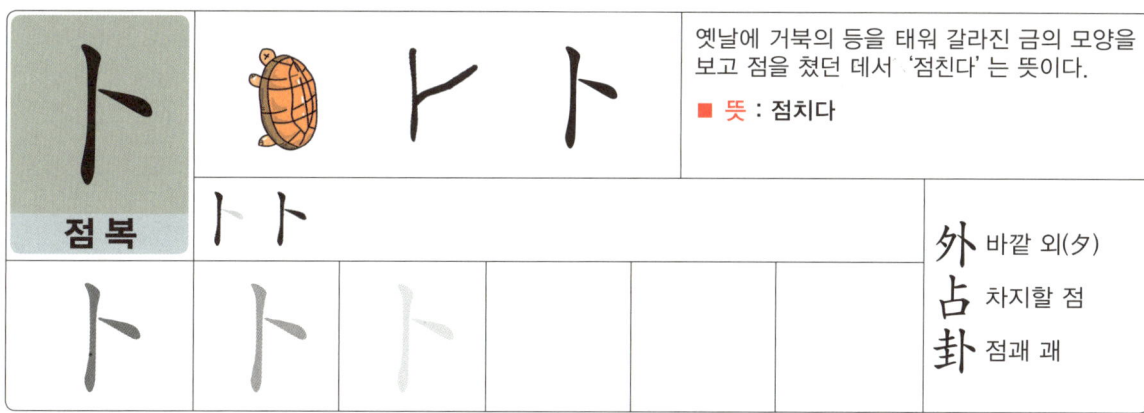

● 유래와 쓰임 익히기

확인학습

1. 다음 ( )에 알맞은 부수를 보기에서 찾아 아래 표에 쓰세요.

   어떤 왕이 **제사**(㉮)를 드릴 때
   흉칙한 **귀신**(㉯)을 나타난 후 병들어 눕게 되었다.
   점(㉰)을 쳐서 **점괘**(㉱)를 보니
   용의 **피**(㉲)를 **제기**(㉳)에 담아 다시 제사하면 낫는다고 했다.
   신하들이 용혈을 찾아 헤매다 빈 손으로 돌아왔을 때
   왕은 **이미**(㉴) 죽고 **없었다**(㉵).

보기	示 血 卜 豆 鬼 爻 无

㉮	㉯	㉰	㉱
㉲	㉳	㉴	㉵

   · 같은 뜻의 부수가 두 개 이상일 때, 본문과 순서가 달라도 부수의 뜻과 맞으면 정답입니다.

2. 다음 큰 ( )에 부수의 이름을 쓰세요. 작은 ( )에는 변형부수가 있는 것은 변형부수를, 변형부수인 것은 원래 부수를 쓰세요.

   礻( )( )　　卜( )( )
   血( )( )　　无( )( )
   旡( )( )　　示( )( )
   鬼( )( )　　爻( )( )
   豆( )( )

3-13 | 기호

一 二 八 十 丿 丶 亠 丿 小　일이팔십 / 주두별소

● 이야기 카드로 연상하기

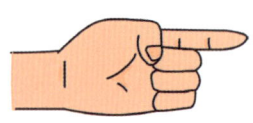
一 : 하나 일

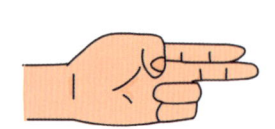
二 : 두 이

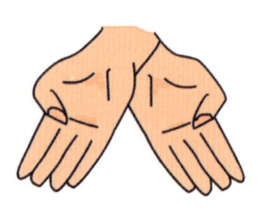
八 : 여덟 팔

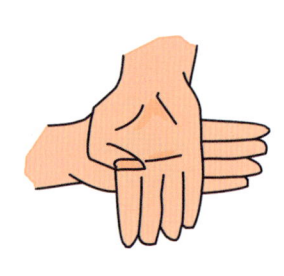
十 : 열 십

丶 : 점 주

亠 : 머리 두

丿 : 삐침 별

小 : 작을 소

이 단원의 부수들은 주로 보이지 않는 것들을 표시하는 '기호'들 입니다. 글자들을 연결하여 연상할 수 있는 재미있는 이야기를 직접 만들어 보세요.

● 이야기 구슬 꿰기

1 부수카드 [3-13]을 각각 해당 그림 위에 올려 놓고 닮은 점을 찾으세요.
2 책을 덮고 이야기 순서대로 카드를 배열하세요. 다음에는 카드 순서대로 이야기를 말해 보세요.
3 순서에 따라 리듬감 있게 큰 소리로 카드를 읽어 보세요.

● 유래와 쓰임 익히기

一 한 일	손가락이나 막대기 하나 모양 ■ 뜻 : 하나, 경계선

不 아니 불/부
上 위 상
下 아래 하
末 끝 말(木)

二 두 이	두 손가락이나 두 개의 막대기 모양 ■ 뜻 : 다시, 나란하다

五 다섯 오
于 어조사 우
互 서로 호
井 우물 정

八 여덟 팔	둘로 나누어진 모습을 나타낸 글자로 '나누다'는 의미를 가진다. ■ 뜻 : 나누다

公 공평할 공
共 함께 공
具 갖출 구
典 법 전

十 열 십	두 손을 엇걸어 '10'을 나타내며, 여럿이나 많다는 뜻으로 쓰인다. ■ 뜻 : 많다, 온전하다

千 일천 천
午 낮 오
協 도울 협
卒 군사 졸

유래와 쓰임 익히기

점 주	`	촛불의 불똥 모습 ■ 뜻 : 점, 등불, 작은 물건
	`	主 주인 주 丸 알 환 丹 붉을 단

머리 두	亠	가로 그은 선 위에 점을 찍어서 '머리 부분'이나 '위'를 나타낸 글자 ■ 뜻 : 머리, 높다, 지붕
	亠	京 서울 경 交 사귈 교 亥 돼지 해 亭 정자 정

삐침 별	丿	오른쪽에서 왼쪽 아래로 삐쳐 내린 모습 ■ 뜻 : 삐치다, 벗어나다
	丿	久 오랠 구 之 갈 지 乃 이에 내 乎 어조사 호

작을 소	小	물건을 잘라 더 작게 나누는 모습 ■ 뜻 : 새싹, 작다
	小	少 적을 소 尖 뾰족할 첨 雀 참새 작(隹)

확인학습

1. 자기가 쓴 이야기를 다시 한 번 써보고 이야기에 알맞은 부수를 골라서 넣으세요.

_____
_____
_____
_____
_____
_____
_____
_____
_____

| 보기 | 一 二 八 十 丶 亠 丿 小 |

2. 다음 큰 ( )에 부수의 이름을 쓰세요. 작은 ( )에는 변형부수가 있는 것은 변형부수를, 변형부수인 것은 원래 부수를 쓰세요.

一 (　　)(　) 　　二 (　　)(　)

八 (　　)(　) 　　十 (　　)(　)

丶 (　　)(　) 　　亠 (　　)(　)

丿 (　　)(　) 　　小 (　　)(　)

제3장 생활과 관련한 부수한자 | 143

[綜合復習] 종합복습

1. 옷과 관계 있는 부수를 모두 고르시오.
   ① 糸   ② 麻   ③ 巾   ④ 衤

2. 술과 관계 있는 부수를 고르시오.
   ① 酉   ② 食   ③ 斗   ④ 幺

3. 곡식과 관계없는 부수는?
   ① 米   ② 麥   ③ 禾   ④ 戶

4. 연장과 관계없는 부수는?
   ① 耒   ② 刂   ③ 士   ④ 瓦

5. 붓과 관계 있는 부수를 고르세요.
   ① 瓦   ② 聿   ③ 爿   ④ 片

6. '간다'는 뜻과 관련 있는 부수는?
   ① 几   ② 辶   ③ 四   ④ 鹵

7. 무기와 관계 있는 부수를 모두 고르시오.
   ① 戈   ② 矛   ③ 矢   ④ 阝

8. 다음 중 제사와 관계 있는 부수는?
   ① 辛   ② 玄   ③ 衤   ④ 至

9. 다음에서 부수의 원래 모양과 변형된 모양을 짝지어 보세요

   衣 ·   · 阝
   食 ·   · 辶
   刀 ·   · 衤
   聿 ·   · 肀
   网 ·   · 礻
   辵 ·   · 襾
   邑 ·   · 飠
   示 ·   · 罒
   无 ·   · 旡
   兩 ·   · 刂

부록1
정답 및 부수정보

■ 단원별 종합복습 정답

제1장 종합복습 정답

1. (3) 2. (1) 3. (3) 4. (1, 2) 5. (1)
6. (1) 7.

人(亻)	크(彑)
卩(㔾)	攴(攵)
長(镸)	足(⻊)
老(耂)	疋(疋)
手(扌)	肉(月)
屮(艹)	歹(歺)
爪(爫)	心(忄)

제2장 종합복습 정답

1. (4) 2. (1) 3. (3, 4) 4. (1) 5. (4)
6. (2, 3, 4) 7.(2) 8.

阜(阝)	竹(⺮)
玉(王)	犬(犭)
艸(艹)	羊(⺷)
水(氵,氺)	牛(牜)
火(灬)	乙(乚)
川(巛)	

제3장 종합복습 정답

1. (1, 2, 3, 4) 2. (1) 3. (4) 4. (4) 5. (2) 6. (2)
7. (1, 2, 3) 8. (3) 9.

衣(衤)	辵(辶)
食(飠)	邑(阝)
刀(刂)	示(礻)
聿(⺻)	无(旡)
网(罒)	襾(覀)

3-13 기호 편 〈이야기 카드로 연상하기〉의 이야기 예

하나 (一) 더하기 하나 (一)는 둘(二)이 되고, 둘(二) 더하기 여덟(八)은 열(十)이 됩니다. 옛 성의 머리부분(亠)인 지붕을 멀리서 보면 가로 그은 선에 점(丶)을 찍은 듯이 보입니다.
작을 소(小)에 오른 쪽에서 왼쪽으로 삐침(丿)을 하면 적을 소(少)가 되지요.

■ 부수의 위치와 명칭

변 | 글자의 왼쪽에 오는 부수를 '변' 이라 한다.
亻**(사람인 변)** 仁(어질 인), 仙(신선 선), 信(믿을 신)
忄**(마음심 변)** 性(성품 성), 情(뜻 정), 忙(바쁠 망)

방 | 글자의 오른쪽에 오는 부수를 '방' 이라 한다.
刂**(칼도 방)** 利(이로울 리), 刻(새길 각), 劍(칼 검)
阝**(우부 방)** 郡(고을 군), 邦(나라 방), 郊(들 교)

머리 | 글글자의 위쪽에 오는 부수를 '머리' 라고 한다.
艹**(초두 머리)** 花(꽃 화), 草(풀 초), 藥(약 약)
宀**(집 면:갓머리)** 安(편안 안), 客(손님 객), 家(집 가)

엄 | 글자의 위에서 왼쪽 아래까지 오는 부수를 '엄' 이라 한다.
尸**(주검시 엄)** 尾(꼬리 미), 屈(굽힐 굴), 屋(집 옥)
广**(집 엄)** 店(가게 점), 序(차례 서), 床(평상 상)

발 | 글자의 아래 부분에 오는 부수를 '발' 이라 한다.
儿**(어진사람인 발)** 兄(형 형), 兒(아이 아), 先(먼저 선)
灬**(연화 발)** 熱(더울 열), 無(없을 무), 焦(그을 초)

받침 | 글자의 왼쪽에서 아래까지 걸치는 부수를 '받침' 이라 한다.
辶**(갈 착:책받침)** 進(나아갈 진) 迎(맞을 영) 返(돌아올 반)
廴**(걸을 인:민책받침)** 建(세울 건) 廷(조정 정) 延(끌 연)

몸 | 글자 전체를 에워 싸는 부수를 '몸' 이라 한다.
匚**(상자 방: 터진입구 몸)** 匠(장인 장) 匣(갑 갑) 區(구분할 구)
凵**(입벌릴감: 위튼입구 몸)** 出(날 출) 凶(흉할 흉) 凹(오목할 요)

제부수 | 글자 자체가 부수인 것을 '제부수' 라 한다.
父(아비 부) 金(쇠 금) 食(밥 식) 牛(소 우) 鼻(코 비) 등

■ 필순공식

1. 위에서 아래로 차례대로

> 一 ァ ㄅ 戸 写 写 写 事
> 事(일 사), 言(말씀 언), 壽(목숨 수), 自(스스로 자)

2. 왼쪽에서 오른쪽으로 차례대로

> ` ノ 丿 州 州 州
> 川(내 천), 州(고을 주), 不(아닐 부)

3. 좌우대칭 글자는 가운데→왼쪽→오른쪽

> ` 亅 亅 永 永
> 水(물 수), 小(작을 소), 永(길 영), 樂(즐길 락)

4. 가로 먼저 세로나중, 밑바닥 맨나중

> ノ イ 亻 仁 仹 佳 佳 佳
> 事(일 사), 言(말씀 언), 壽(목숨 수), 自(스스로 자)

5. 가로 연속 두 세번도 가로 먼저

> ノ ハ ニ 兰 半
> 末(끝 말), 井(우물 정), 夫(남편 부), 半(절반 반), 東(동녘 동)

6. 교차 할 때는 오른쪽→왼쪽

> ノ ハ ゲ 父
> 父(아비 부), 效(본받을 효)

7. 꿰뚫는 건 맨 나중

> ㄥ 乜 丹 母 母
> 中(가운데 중), 事(일 사), 子(아들 자), 女(여자 녀), 母(어미 모)

8. 에운담 먼저, 막음은 맨 나중

> Ⅰ 冂 冂 冋 冋 周 周 固
> 國(나라 국), 同(같을 동), 聞(들을 문), 固(굳을 고)

9. 받침은 항상 맨 나중

> ` 厂 斤 斤 沂 沂 沂 近
> 近(가까울 근), 速(빠를 속), 建(세울 건), 趙(조나라 조)

10. 윗 점은 맨 나중

> ノ イ 亻 代 代
> 代(대신할 대), 犬(개 견), 成(이룰 성)

11. ㄱ자 먼저

> ㄱ 力
> 力(힘 력), 刀(칼 도), 方(모 방)

12. ㄱ은 한 번에, ㄴ도 한 번에

> ㄱ ㄱ 弓
> 力(힘 력), 弟(아우 제), 弓(활 궁), 口(입 구), 區(구할 구)

13. 짧은 것 먼저, 긴 것 나중

> Ⅰ 丨 ㅓ 北 北
> 匕(비수 비), 北(북녘 북), 比(견줄 비)

■ 부수 구조표

분류	대표부수	소분류	대표부수	부수	부수 음	단원
사람	人	사람모습	人(인)	人 儿 入 尢 大 立 尸 匕	인인입왕 대립절비	1-1
		가족	父(부)	父 母 子 女 長 老	부무자녀 장로	1-2
		머리	頁(혈)	自 頁 首 面 耳 目 見 鼻	자혈수면 이목견비	1-3
		입	口(구)	口 曰 言 音 甘 舌 欠	구왈언음 감설흠	1-4
		이와 수염	齒(치)	齒 牙 毛 彡 髟 而	치아 모삼표이	1-5
		손	手(수)	手 又 屮 爪 크 寸	수우좌 조계촌	1-6
		두손	廾(공)	廾 臼 支 攴 殳 隶	공구 지복수이	1-7
		발	足(족)	足 疋 走 止 夂 夊 癶 舛	족소주지 쇠치발천	1-8
		신체	肉(육)	肉 骨 歹 心 疒 身 己	육골알 심녁신기	1-9
		관계	厶(사)	厶 勹 色 臣 艮 比 鬥	사포색 신간비투	1-10
자연	日	하늘	日(일)	日 月 夕 辰 气 風 雨	일월석진 기풍우	2-1
		산	山(산)	山 阜 厂 谷 石 土 金 玉	산부엄곡 석토금옥	2-2
		식물	木(목)	木 竹 艸 氏 生 韭 瓜	목죽초씨 생구과	2-3
		물	水(수)	水 火 川 冫 魚 貝 虫	수화천빙 어패충	2-4
		가축	犬(견)	犬 豕 羊 牛 馬 皮 革 韋	견시양우마 피혁위	2-5
		짐승	虍(호)	虍 豸 鹿 鼠 龜 黽 内 釆	호치록서 구맹유변	2-6
		새	鳥(조)	鳥 羽 飛 乙 非 龍 佳 角	조우비을 비용추각	2-7
생활	衣	옷	衣(의)	衣 麻 糸 幺 巾 冖 襾	의마사요 건멱치	3-1
		음식과 술	食(식)	食 酉 鬯 用 斗 両	식유창 용두아	3-2
		집	宀(면)	宀 穴 广 尸 高 門 戶	면혈엄시 고문호	3-3
		곡식	禾(화)	禾 白 米 麥 黍 齊 香	화백미 맥서제향	3-4
		도구	工(공)	工 力 刀 耒 士 丨 斤	공력도뢰 사곤근	3-5
		그릇	皿(명)	皿 缶 鬲 鼎 匚 匸 凵	명부력정 혜방감	3-6
		주거생활	瓦(와)	瓦 片 爿 几 聿 禽 网	와편장궤 율약망	3-7
		운송	行(행)	行 彳 辵 廴 車 舟 門	행척착인 차주경	3-8
		나라	囗(국)	囗 邑 里 田 鹵 方 鼓	국읍리 전로방고	3-9
		무기	矛(모)	矛 干 戈 戈 弓 矢 弋 至	모간궐과 궁시익지	3-10
		색깔	黑(흑)	黑 文 辛 赤 青 黃 玄	문신적 청황현	3-11
		제사	示(시)	示 鬼 卜 爻 血 豆 无	시귀복효 혈두무	3-12
		기호	一(일)	一 二 八 十 丶 二 丿 小	일이팔십 주두별소	3-13

■ 변형부수 목록표

부수	변형부수	부수	변형부수
人 (사람 인)	亻 (사람인변)	爪 (손톱 조)	爫
心 (마음 심)	忄 (심방변), 㣺	彐 (돼지머리 계)	彑, ヨ
手 (손 수)	扌 (재방변/손수변)	屮 (왼손 좌)	ナ
肉 (고기 육)	月 (육달월), 夕	廾 (받들 공)	六
攴 (칠 복)	攵 (등글월문)	足 (발 족)	𧾷
水 (물 수)	氵 (삼수변), 氺	疋 (발 소)	正
火 (불 화)	灬 (연화발)	尢 (절름발이 왕)	兀
艸 (풀 초)	艹 (초두머리)	歹 (부서진 뼈 알)	歺
竹 (대나무 죽)	𥫗 (대죽머리)	長 (긴 장)	镸
衣 (옷 의)	衤 (옷의변)	川 (내 천)	巛
犬 (개 견)	犭 (개사슴록변)	牛 (소 우)	牛
示 (보일 시/귀신 기)	礻 (보일시변)	乙 (새 을)	乚
玉 (구슬 옥)	王 (구슬옥변)	鹿 (사슴 록)	庐
阜 (언덕 부)	阝 (좌부방: 왼쪽)	聿 (붓 율)	聿
邑 (고을 읍)	阝 (우부방: 오른쪽)	襾 (덮을 아)	西
刀 (칼 도)	刂 (선칼도방)	网 (그물 망)	四, 罒
辵 (갈 착)	辶 (착받침)	食 (밥 식)	飠, 食
老 (늙을 로)	耂 (늙을로엄)	无 (없을 무/이미 기)	旡
卩 (병부절)	㔾	穴 (구멍 혈)	穴

▶ **사람 관련 대표 부수카드**

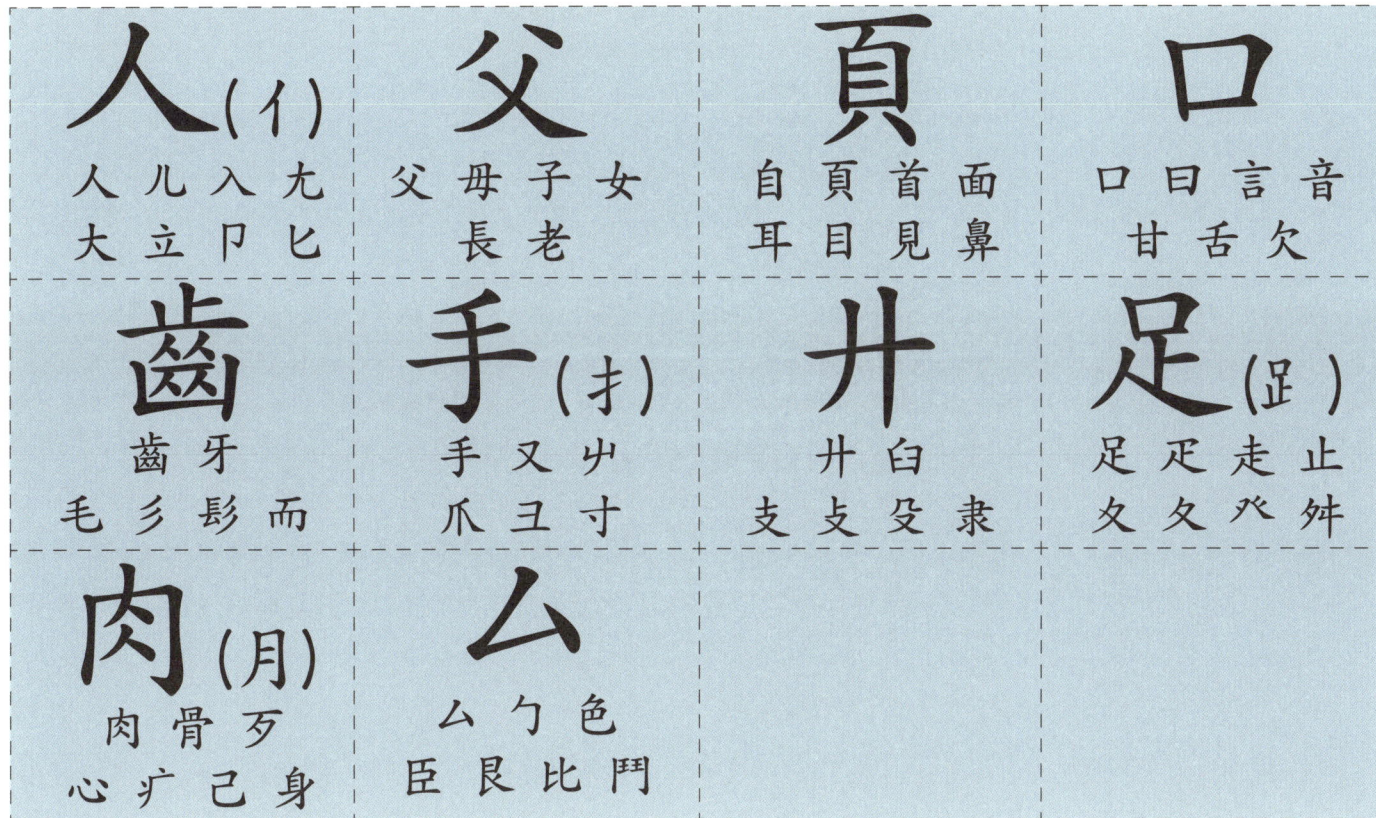

人(亻) 人 儿 入 尢 大 立 卩 匕	父 父 母 子 女 長 老	頁 自 頁 首 面 耳 目 見 鼻	口 口 曰 言 音 甘 舌 欠
齒 齒 牙 毛 彡 髟 而	手(扌) 手 又 屮 爪 彐 寸	廾 廾 臼 支 攴 殳 隶	足(⻊) 足 疋 走 止 夂 夊 癶 舛
肉(月) 肉 骨 歹 心 疒 己 身	厶 厶 勹 色 臣 艮 比 鬥		

사람 관련 부수카드

1-1 人(亻)	1-1 儿	1-1 入	1-1 尢	1-1 大
1-1 立	1-1 卩	1-1 匕	1-2 父	1-2 母
1-2 子	1-2 女	1-2 長(镸)	1-2 老(耂)	1-3 自
1-3 頁	1-3 首	1-3 面	1-3 耳	1-3 目

절취선

절취선

見	鼻	口	曰	言
音	甘	舌	欠	齒
牙	毛	彡	髟	而
手 (扌)	又	少 (丶)	爪 (爫)	彐 (彑)
寸	廾	白	支	攴 (攵)
殳	隶	足 (趾)	足 (疋)	走
止	夂	夊	癶	舛
肉 (月)	骨	歹 (歺)	心 (忄)	疒

1-9	1-9	1-10	1-10	1-10
身	己	厶	勹	色

1-10	1-10	1-10	1-10	1-10
臣	艮	比	鬥	

사람 관련 변형 부수카드

1-변형	1-변형	1-변형	1-변형	1-변형
亻	巴	镸	歨	扌

1-변형	1-변형	1-변형	1-변형	1-변형
ナ	兲	㐄	攵	𧾷

1-변형	1-변형	1-변형	1-변형	
疋	月	歹	忄	

▶ 자연 관련 대표 부수카드

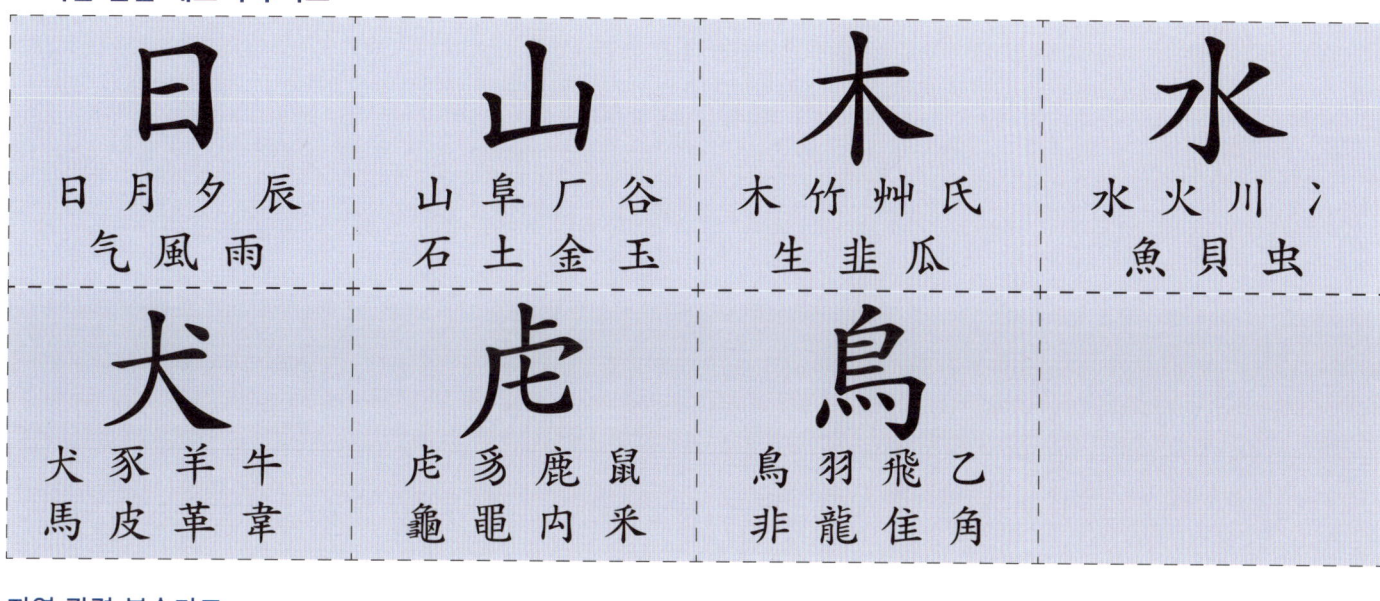

자연 관련 부수카드

日	月	夕	辰	气
風	雨	山	阜(阝)	厂
谷	石	土	金	玉(王)
木	竹(⺮)	艸(艹)	氏	生
韭	瓜	水(氺/氵)	火(灬)	川(巛)
冫	魚	貝	虫	犬(犭)

豕	羊(⺶)	牛(牜)	馬	皮
革	韋	虍	豸	鹿
鼠	龜	黽	肉	釆
鳥	羽	飛	乙(乚)	非
龍	隹	角	竹	氵

자연 관련 변형 부수카드

阝	王	艹	氺	灬
巛	犭	羋	牛	乚

▶ 생활 관련 대표 부수카드

衣	食	宀	禾
衣麻糸幺 巾一黹	食酉鬯用 斗両	宀穴广尸 高門戶	禾白米米 麥黍齊香
工	皿	瓦	行
工力刀耒 士丨斤	皿缶鬲鼎 匸匚凵	瓦片爿几 聿侖网	行彳辵夊 車舟冂
口	矛	黑	示
口邑里田 鹵方鼓	矛干戈亅 弓矢至弋	黑文辛赤 青黃玄	示鬼卜爻 血豆无
一			
一二八十 丶亠丿小			

생활 관련 부수카드

3-1	3-1	3-1	3-1	3-1
衣 (衤)	麻	糸	幺	巾
3-1	3-1	3-2	3-2	3-2
一	黹	食 (飠)	酉	鬯
3-2	3-2	3-2	3-3	3-3
用	斗	両	宀	穴
3-3	3-3	3-3	3-3	3-3
广	尸	高	門	戶

禾	白	米	麥	黍
齊	香	工	力	刀(刂)
耒	士	丨	斤	皿
缶	鬲	鼎	匸	匚
凵	瓦	片	爿	几
聿(⺺)	侖	网(罒)	行	彳
辵(辶)	夊	車	舟	几
囗	邑(阝)	里	田	鹵
方	鼓	矛	干	丁